JN245265

教室でできる
気になる子への
認知行動療法

「認知の歪み」から起こる行動を変える
13の技法

松浦直己 著

中央法規

はじめに

これまでの臨床経験のなかで、たくさんの子どもたち、保護者の方々、先生方と関わらせていただきました。発達障害、非行、いじめ、自殺、摂食障害、いわゆる不適応状態の子どもたち……。そのそばには、ともに苦しむ保護者の方々や先生方がいました。

「○○メソッドを使えば治りますか？」「○○法は有効でしょうか？」という質問を受けることがよくあります。わらをもつかむ気持ちはわかるのですが、エビデンスのある治療法は限られます。いつも答えに窮する自分に対していらだちを覚えることも度々ありました。その理由には二つあります。

一つは発達障害に関する民間療法の質の低さです。例えば、注意欠如・多動症（ADHD）や自閉スペクトラム症（ASD）のような発達障害の診断を受けたとしても、統一された治療プログラムが存在するわけではありません。このような状況では、怪しげな民間療法が横行することになります。発達障害の治療の歴史は、眉唾ものの民間療法の栄枯盛衰の歴史ともいえます。

二つめは、これだけいい教育を展開されている先生方に対して、もっと自信をもってもらえないか、ということです。献身的な熱心さと、質の高い学級経営によって、大変な状態にある子どもたちの成長をしっかり支えている先生がたくさんいます。ですから、「特別な治療プログラムは必要ありません。その方法で継続しておこなってください！」と申し上げるのですが、あまり信じてもらえません。大抵の先生は「こんな方法ではうまくいくわけはない。何か、もっといい方法があるはずだ」と固く信じていたりします。

そのようなケースでは、先生方は意識せずに「学校で認知行動療法を応用しているから改善しているのだ」と私自身は納得しているのですが、それが上手に説明できなかったのです。そこで、いつか理論化したいと思っていました。

学校での認知行動療法の構想を形成するにあたり、非行研究、特に少年院と児童自立支援施設での経験が大きく役立ちました。これらの施設では、大変な行動の問題を抱える少年に対して、特定の治療プログラムを展開することは稀です。環境が高度に構造化されているので、生活そのものが治療であり、治療者（教官）がモデルになっているのです。

学校は高度に構造化されていますし、まさに先生がモデルになっているので、「生活環境そのものが治療になるのではないか」「学級経営で自然におこなわれている心理教育って、認知行動療法そのものじゃないの」というのが本書の出発点でした。日頃もがき苦しんで、それでも真剣に子どもたちに向き合っている先生方へエールを送るつもりで本書をまとめました。本書の内容が学校での支援のヒントになることを、心より祈念しています。子どもたちの、先生方の、保護者の皆さんの応援団長になれれば幸いです。

2018年9月　松浦直己

contents

第3章 「認知の歪み」を理解し、適切な行動に変えていく技法……37

教室に こんな子ども いませんか？

ちょっと変わった行動をとる子がいたら「認知の歪み」かもしれません

一度失敗したら二度と挑戦しようとしない

100点でなければ0点も同じと考える

一度の失敗に極端にとらわれる

極端に悲観的な予測をする

根拠がないのに自信がない

物事に常に否定的

小さなマイナス面に極端にとらわれる

小さなことが原因ですべてを否定する

ネガティブなことばかり考える

よいことも悪いことにすりかえる

自分は人と比べて劣っていると強く思い込む

いつもみんなに迷惑をかけていると疑わない

否定的感情ばかりが強く、周囲の声が聞こえない

自分のなかの決め事に反したことが起きると怒る

自分は最低な人間だと思い込む

悪いことの原因はすべて自分！

悪いことの原因はすべてあいつ！

3ステップで

「認知の歪み」を適切な行動へ

教室のなかの気になる子と適切に関わり、改善していくための3ステップ。実際にどのように活用していくと有効なのか、一つのケースを例に挙げてご紹介します。

よくできているよ！
だめなんだぁ！
ビリ
ビリ
A君は
どうして95点じゃ
だめなんだろう…
そんなときは
こう考えて
みましょう！
Step 1 思考パターン
まずはA君がなぜ
100点じゃないとだめなのか
「思考パターン」を
考えてみましょう
A君のこだわり
●100点が快感
●100点以外は
否定されている
●100点が絶対
こんな思考が
A君の行動につながって
いるのかも…
【全か無かの思考】
なんですね！
ふむ
ふむ
100点以外は
0点と同じ…
という気持ちなんですね
なるほど…

Step 2 感情に働きかける
A君の
「思考パターン」が
わかったら
次はA君の
「感情に働きかけて」
みましょう
A君自身に、その感情を自覚して
もらい、そのときどんな行動を
とってしまうか、気づいてもらい
ましょう
なるほど…
例えば…
今日のA君の行動を一緒におさらいしてみます。
今日のテスト
95点もとれていたのに
破いていたね
だって
100点じゃ
ないから…
この前も100点じゃな
くて捨てよ
うとしたね
「認知の歪み」が起こったときの気持ちを思い出します。
そんなときって、悔しかっ
たり腹がたったり、悲し
い気持ちになるのかな？
うん…
そういう気持ちを
"複雑な感情"
っていうのよ
A君自身が「認知の歪み」に気づけるようにします。
そういう気持ちになると
パニックになってテスト用
紙を破いたりしちゃ
うのね
うん
A君がそういう気持ちにな
りそうなときは
教えてくれる？
わかった

Step 3 行動に働きかける
いよいよ大詰め A君が「適切な行動をとれる」手立てを考えます
まずはじめは【選択の余地を検討する】技法
ふむふむ
事前にテストの点数を知らせ A君が行動を選択できるようにします
なるほど！
そして大切なのは【ポジティブ・トーク】
A君のよさを言葉にするんですね！
そうです！
例えば…
先生にほめられるだけでなく、自分の長所に気づけるようにします。
テスト用紙を破らず持ってきてえらかったね
先生がそうするようにいってくれたから
それは大成功だね！「今日、頑張った！」っていってみよう！
今日 頑張った！
うんうん
こんな3ステップで「認知の歪み」を改善していくのです！
はい！

第1章

「認知の歪み」って何だろう?

本章では、そもそも「認知の歪み」とは何か、「認知の歪み」によって
引き起こされる状態とはどのようなものか、
そして、その要因とされるものは何かについて解説していきます。

第1節 「認知の歪み」とは

小学校では、集団生活になじめずに不適応行動ばかり起こす子どもに先生が困り果てているという話をよく聞きます。こうした場合、不適応行動ばかりに着目しがちですが、実は「認知の歪み」が端を発している場合も少なくありません。本章では、「認知の歪み」の意味を、それが引き起こすさまざまな状態とともに解説していきます。

「認知の歪み」とは何か

認知行動療法では、「物事の受け取り方」のことを「認知」といいます。人間関係を含めて、毎日私たちのまわりではたくさんのことが起こっています。よいこともあれば悪いこともあるでしょう。例えば、「100 万円の宝くじに当たった !!」ということは、間違いなくよいことです。しかし、万人が喜びそうな出来事が起こったときでさえ、人の「受け取り方」はそれぞれです。

講演会のとき、よく次のような質問をします。「仮にあなたが 100 万円の宝くじが当たったとします。そのとき、あなたはどう考えるでしょうか？　次の二つから選んでください。『こんなによいことがあったんだから、明日からもっとよいことがあるだろう。次はどんなよいことが起こるかな？』と考えますか。それとも、『こんなによいことがあったんだから、もう運を使い果たした。明日からは気をつけよう』と考えますか？」

不思議なことに、聴衆者の職業や年齢層にかかわらず、挙手していただくとほぼ半々になります。そして、楽観派と悲観派は相容れることはありません。楽観派は悲観派のネガティブさについていけないと感じていますし、悲観派は楽観派のポジティブさに呆れています。生きていくうえでどちらがよいかということは問題ではありません。重要なのは、合理的でバランスのよい受け取り方、つまり「認知」なのです。

例えば、同じ楽観派でも、陽気になりすぎて他者に自慢し過ぎたり、気が大きくなって飲みすぎて、再び全額を宝くじにつぎ込んでしまったりするのは、明らかに非合理的でバランスに欠けています。同様に、運を使い果たしたと信じ込んで一切外出を避けてしまう悲観派の方がいたとしたら、あまりにも極端といえるでしょう。

上記の問題の出発点が、「認知」にあることをお気づきでしょうか？　つまり「物事の受け取り方」＝「認知」が極端だと、感情や行動の問題を生じさせやすいのです。極端で非現実的で、バランスの悪い認知のことを**「認知の歪み」**といいます。

「認知の歪み」が引き起こす不適応状態

筆者はある大学の特別支援教育研究センターで、教育相談や発達相談を担当していました。毎日たくさんのお子さん、その保護者の方々、そして先生方が相談にこられました。

もちろん相談にこられるということは、学校や家庭で何らかの不適応状態にあるわけです。大学のセンターまではるばる相談にやってくるのですから、深刻なケースがほとんどでした。

相談の依頼があると、筆者は「お子さん、保護者、担任と三者で相談にきてください」とお願いをします。そして、まず三者に挨拶したあと、最初にお子さんに困っていることを聞きます。その後、保護者と担任のそれぞれの困り事やどうしたいのかを伺います。最後に、三者の困り事や解決するための方向性をすり合わせます。それが、私の教育相談のスタイルです。

「ねえ、○○君、学校で何か困ったことある？」と聞くと、ほぼすべてのケースで次のような答えが返ってきました。

「学校、全然楽しくない」

「いっつも怒られてばっかり、もう行きたくない！」

「友達にいじめられるから、嫌になる。誰も助けてくれない！！」

「何をやってもいつも失敗ばっかり」

このような訴えは、苦しんでいる子どもたちの心の叫びであるともいえます。彼らは毎日何らかの失敗経験を蓄積しており、挫折感や悲嘆、悔しさ、怒りなど、とても複雑な感情を抱えています。何らかの発達障害を抱えている多くのお子さんが、学校でこのような不適応状態で、家庭および学校生活を送っていると考えられます。

不適応状態とは、何らかの（多くの場合複数の）感情や行動の問題を抱えていることをさします。感情面では、「異常にハイテンションになる」「うつ的な状態になる」「不安になる」「強迫的に何かをせずにはいられない」ことをさします。これらは、発達障害の特性としてもよく挙げられるものですね。

行動の問題とは「集中できない」「教室内を動き回る」「友達とうまくいかない」「学級での学習態度に問題がある」「キレて先生のいうことに従えない」ことなどがあります。つまり、不適応な行動として表面化します。

「認知の歪み」と発達障害

前節では、不適応行動の基盤には「認知の歪み」があることがわかりました。不適切な行動は、発達障害と結びつけて捉えようとする傾向があります。しかしながら、ここでは、行動の問題ばかりに注目すると、あらゆる問題が発達障害のために起こっているかのように誤解してしまう危険性について解説していきます。

不適応行動≠発達障害

2007年に「特別支援教育」が実施され、その考え方が急速に社会全体に普及してくるとともに、発達障害にも関心が高まっていきました。現在では、小・中学校の先生で注意欠如・多動症（以下ADHD）の行動特性や自閉スペクトラム症（以下ASD）の症状を知らない方はいらっしゃらないでしょう。

そんな状況のなか、意外にも、学校関係者に学習障害（LD）はそれほど理解されていないと感じますが、「この子はADHD（もしくはASD）ではないですか？」という相談は非常に多いです。その背景には、不適応行動が明瞭にあるからでしょう。

しかしながら、いくつかの特別支援教育での混乱のなかで一番深刻なのは、「不適応行動＝発達障害」という図式です。つまり、発達障害だから不適応行動が起こる、という因果関係で理解してしまっていることといえます。

以下は、ある子どもの行動の特徴です。

・空気が読めない

・すぐにパニックになる

・みんなと一緒に行動できない

ここまで読むと、この子はASDではないかと考える方もいるでしょう。実はこれらの特徴は、ASDの中核症状とはいえません。発達障害が世の中に周知された結果、あらゆる不適応な行動や不適切行動、パニック行動などは、発達障害が原因であると誤解されている傾向があることは、残念でなりません。

実際に、ADHDやASDの方でも、顕著な不適応行動を示す方は稀ですし、仮に深刻なパニック行動があったとしても、発達障害が直接の原因であることは多くありません。

行動の問題は発達障害に由来するという誤解

筆者は、これまでたくさんの発達相談や教育相談を経験してきましたが、そのほとんどは行動の問題、特に集団不適応が主訴であることが圧倒的多数です。

例えば、次のような行動の特徴です。
・教室でパニックに陥る
・攻撃的行動、他傷行為（噛みつき、頭突き）がある
・自傷行為がある
・落ち着いて学習できない
・集団に入れない
・指示に従えない

このような特徴のある子どもたちのなかには、知的障害やASDをもっているケースも確かにあります。しかし、多くの場合は、その置かれた環境との不適合や、著しく不適応な課題（発達段階に合っていない）を提示されて、いわば二次障害という形で噴出しているのです。

「発達障害があるからこんな行動をとってしまう」というのは、ある種危険な理解です。それは、治療教育的関わりに限界を感じさせてしまう危険性をはらんでいるからです。また、本来は、行動の問題が悪化しているから発達障害のようにみえる、ということも実際にはあります。

例えば、昨年はクラスのなかで不適応行動（座れない、話を聞けない、教室を出てしまう）が頻発していたのに、今年担任が替わってからは人が変わったように落ち着いて学習に取り組んでいる、というケースはたくさんあります。

「行動が荒れているときにADHDのようだったけれども、今年は問題がありません」といった話を伺うと、なんとも複雑な気持ちになります。それは、実は発達障害があるから行動の問題が生じているのではなく、行動の問題が目立ってきたからADHDのように映った（多くの場合、実際はきちんと専門機関で診断名をもらってきます）だけなのです。つまり、原因と結果をまるで反対に扱っているのです。

このように、教育現場では原因と結果を逆にして、都合よく解釈してしまうことがあるのです。

「発達障害」と「行動障害」に対する正しい理解を

ADHDの中核症状とは、「不注意」と「多動性および衝動性」です。ASDの中核症状とは、「社会的コミュニケーションの障害」と「限定され、持続し、反復される行動様式」です。

実は、「パニックになる」とか、「自傷行為、他傷行為」などは診断基準外なのです。ましてや、「空気が読めない」などがこれらの障害の中核になることはありません。

発達障害の中核症状が改善することは難しいと思います。しかし、それらから派生する二次障害に関しては、ある程度予防も改善も可能です。「発達障害」に行動の問題が伴うことはもちろんありますが、「行動の問題があるから、あの子は発達障害じゃないの?」という考えは明らかに原因と結果を混同しています。

「アスペっぽい」に気をつけよう

アメリカ精神医学会が2013年に刊行した『精神疾患の診断・統計マニュアル』では、いくつかの大きな改訂が加えられています。なかでも、発達障害は神経発達障害群となり、自閉症の診断基準も大きく変わりました。「広汎性発達障害」の概念はなくなり、「アスペルガー障害」などの用語も廃止されました。

「あの人アスペっぽいよね」という場合、障害の中核症状は無視され、その人のパーソナリティを形容しているに過ぎないことが多いのが実態です。「頑固」「融通がきかない」「空気が読めない」ような特性と、障害という状態には大きな乖離があるのです。

行動の問題を、簡単に「自閉っぽい」「アスペっぽい」とひと括りにしてしまうことは、問題の本質を見誤り、問題解決を遠ざけますから、慎みたいものです。

その一方で、何らかの発達障害のある子どもたちが、不適応状態にあったり、不適応行動を呈していたりするのは事実です。本書では、その背景にある、「認知の歪み」に焦点を当てることにします。

「行動の問題、不適応行動」の背景には「認知の歪み」が

第1節でお話しした、「学校、全然楽しくない」「いっつも怒られてばっかり、もう行きたくない」「いつもいじめられる」などの訴えが現実的でない場合、何らかの「認知の歪み」が存在すると考えられます。

「認知の歪み」自体は発達障害の特性とは独立していますが、近い存在ですし、相互に影響し合っている関係にあります。つまり、「認知の歪み」が発達障害の特性を悪化させてしまったり、その逆もあり得ます。しかし、「認知の歪み」という視点をもっていない先生からすると、不適応行動=発達障害の特性、というようにみえてしまうのです。現実離れした否定的な捉え方を「認知の歪み」だとすると、先生としてはそれらをどう捉えたらよいか、

余計に混乱してしまうでしょう。

次節では不適応状態を引き起こす要因としての「認知の歪み」について解説します。

図1－1 「認知の歪み」？ 発達障害？

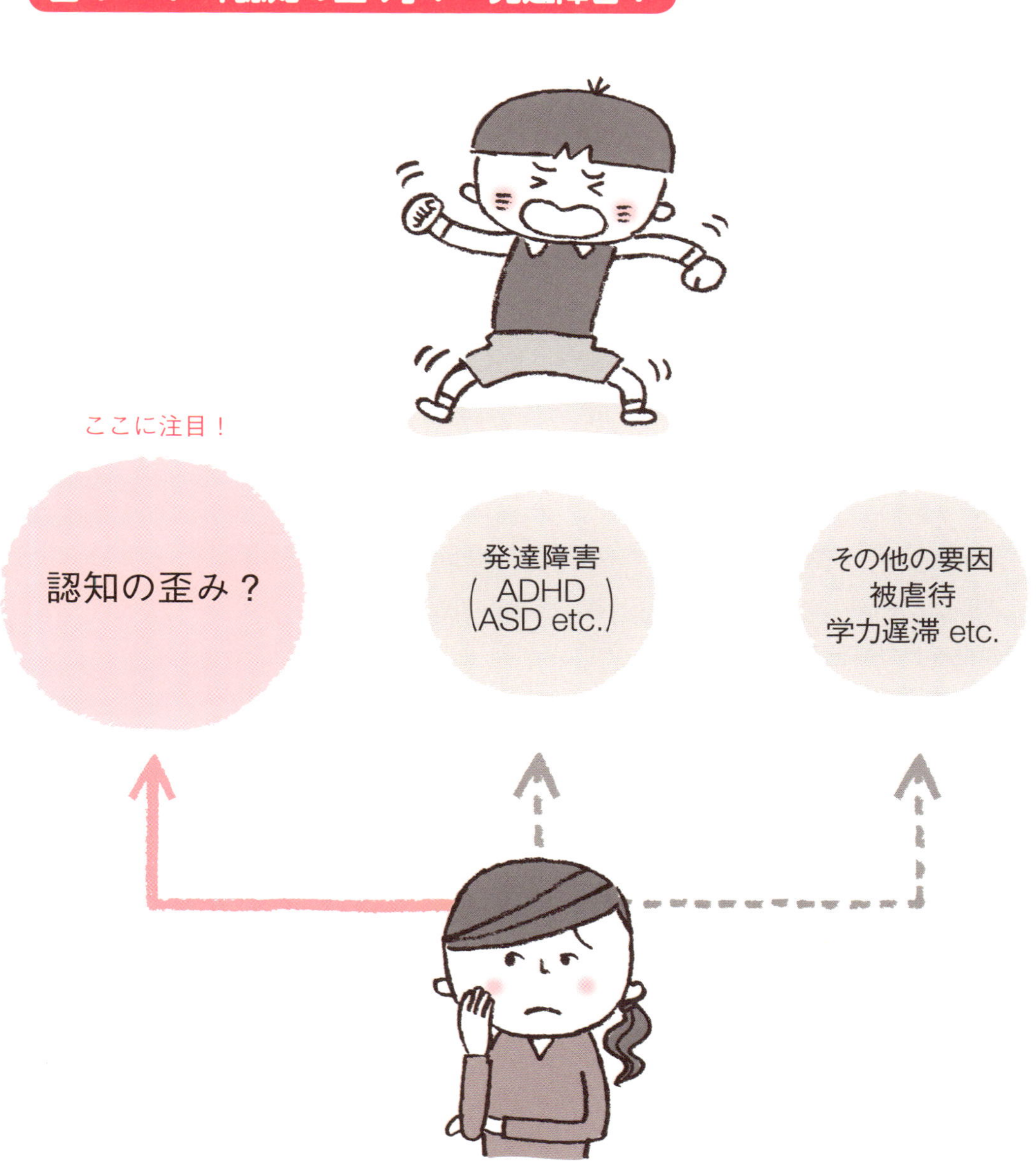

第3節

不適応行動を起こす要因とは

前節にて、「発達障害があるから不適応行動を起こす」という理解の危険性について解説してきました。そこで、本節ではその要因をどこに求めればよいのかについて、さらに深めていきます。

感情や行動の問題を引き起こすもの

「感情や行動の問題＝発達障害」なのでしょうか。前節でお話したように、それは違います。発達障害をもっていなくても、このような特徴を示す子どもはたくさんいますし、逆に発達障害をもっていたとしても、それほど感情の問題や顕著な行動を示さないこともよくあります。

感情や行動の問題の基盤に存在するのは、実は発達障害そのものではなく、「認知の歪み」にあることが多いのです。言い換えれば、不適応状態の原因は「発達障害」ではなく、**「認知の歪み」の修正不能状態**にあるのです。

具体的にお話ししましょう。相談場面で、子どもたちは学校や家庭で困ったことをたくさん話してくれます。例えば、A君は「僕はいつも先生に叱られてばっかり」と訴えます。一方で先生は、「なるべくほめるようにしています」とか「成功体験を多く積ませるようにしています」といいます。このようなケースはよくありますが、どちらも嘘をついているわけではありません。

A君はほめられることも叱られることもあります。おそらくほかの子どもに比べると、両方とも多いでしょう。しかし、ほめられたことの印象は極めて薄く（まるで右の耳から左の耳に抜けていくかのように）、叱られたことに対しては強烈なネガティブ感情を抱く傾向がある場合、不適応状態になりやすくなります。実際にその担任は細かな点までよくほめてくださっていましたし、A君のよくない言動については叱っていました。

しかしA君は面接時にはいつも、「先生にほめられたことは一度もない」と主張するのです。「だって、さっきもほめられていたじゃない」と私が指摘すると、「あれはほめていない」と譲りません。先生も立つ瀬がないですね。まさに、これが「認知の歪み」です。繰り返しますが、「物事の受け取り方」＝「認知」、それが極端で非現実的で、バランスが悪い状態のことを、「認知の歪み」といいます。「認知の歪み」がひどくなると（つまり修正不能状態)、感情や行動の問題が悪化していきます。そして、結果的に感情や行動の問題の悪化が、「認知の歪み」を深刻化させるのです（図１－2)。前述のように、発達障害のある子どもでも、「認知の歪み」がない場合、現実の生活では適応的です。しかしながら、発達障害のある子どもは「認知の歪み」を形成しやすいとも考えられます。

つまり、「認知の歪み」≠「発達障害」ではないのですが、関係性は強いのです。ではなぜ発達が気になる子どもは、「認知の歪み」をもちやすいのでしょうか。キーワードは、**「自己効力感」**ではないかと思います。**自己効力感**は、認知行動療法の重要なキーワードです。簡単にいうと、「自分がある状況で、どのくらいうまくできるか、もしくはどのくらいうまくできないか」という予測力です。

図１－２ 「認知の歪み」と感情や行動の問題

- 物事を悪く（ネガティブに）受け取る

↓

- そのような傾向が定着する
（自分はいじめられている　など）

- 友達と関わるのが苦痛

↓

- 常に不機嫌、いらいら

- 友達とささいなことでけんか、
トラブル

↓

- いつものパターンでパニック

「自分だったら、このくらいできるだろう」とか、「これは自分にはできないな」といった予測力が弱い子どもは、失敗を極度に恐れたり、無気力になったりする傾向が強く、挑戦することを極度に嫌います。

図１－３をみてください。効力予期とは「これからの行動を、うまく実行することがで

きるという確信や期待またはその逆」のことです。結果予期とは「これからの行動によって、うまく結果が得られるだろうという予測や期待またはその逆」のことです。効力予期が高いと、「自分の力がこのくらいなので、このくらいはできそう」と感じ、挑戦するようになります。

そしてその行動のあと、結果予期が高いと「このくらい頑張ったから、このくらいは成功しそう」と手応えを感じることができるのです。効力予期が低いと、挑戦する気になれず、さらに結果予期も低いと、「自分を否定」し、うつ状態になりやすくなります。

図１－３　自己効力感

効力予期＼結果予期	高「きっとできる！」	低「きっとできない」
高「できそう！」	●自信に満ちている ●適切な行動をとる ●積極的である ●活き活きしている	●挑戦する ●抗議する ●説得する ●不平不満をいう
低「できそうにない」	●失望する ●落胆する ●劣等感をもつ ●無気力になる ●あきらめる	●無感動になる ●うつ状態になる ●自分を否定する

自己効力感の低下とセルフコントロールの弱さ

自己効力感の低下とセルフコントロールの弱さは、さらに強い関連があります。それは、どちらが原因でどちらが結果というわけではありません。衝動性の高い子どもを例に説明します。

衝動性が高いと、後先考えずに行動してしまうので、効力予期も結果予期も貧弱になります。いわば「行き当たりばったり」で学習や運動に取り組くんでいるような状態で、大抵は失敗し、自己効力感が低下します。そして、セルフコントロールが弱いと、衝動性を抑えることができないので、行動を成功させることができません。つまり、セルフコントロールの弱さが基盤にあると、衝動性にブレーキをかけることができず、失敗経験を蓄積させて、自尊心の低下を招くのです。

セルフコントロールの重要性を示した、世界的な研究をご紹介します。

ニュージーランドのある小さな町（人口約10万人）で、1972年に生まれた約1000人の赤ちゃんを対象に、0歳から32歳までを追跡した研究です。子どもの頃（幼児期から学童期）のセルフコントロールは、成人期の健康、経済的問題、犯罪行為とどのように影響するのかを明らかにしました。

その後も、対象者は2、3年に一度、知能や言語能力、身体検査や歯科検診など、ありとあらゆる検査を継続して受けています。

この研究では、彼らが幼稚園や小学校に通っているとき、保護者や先生にセルフコントロールの評価をしてもらいました。そして彼らが32歳になったときの健康度や経済的困難度、犯罪歴などを徹底的に調査して、子どもの頃のセルフコントロールとの関連を調査したのです。その結果、驚くべきことがわかりました。

図1－4　子どものセルフコントロールは成人期にどう影響するか

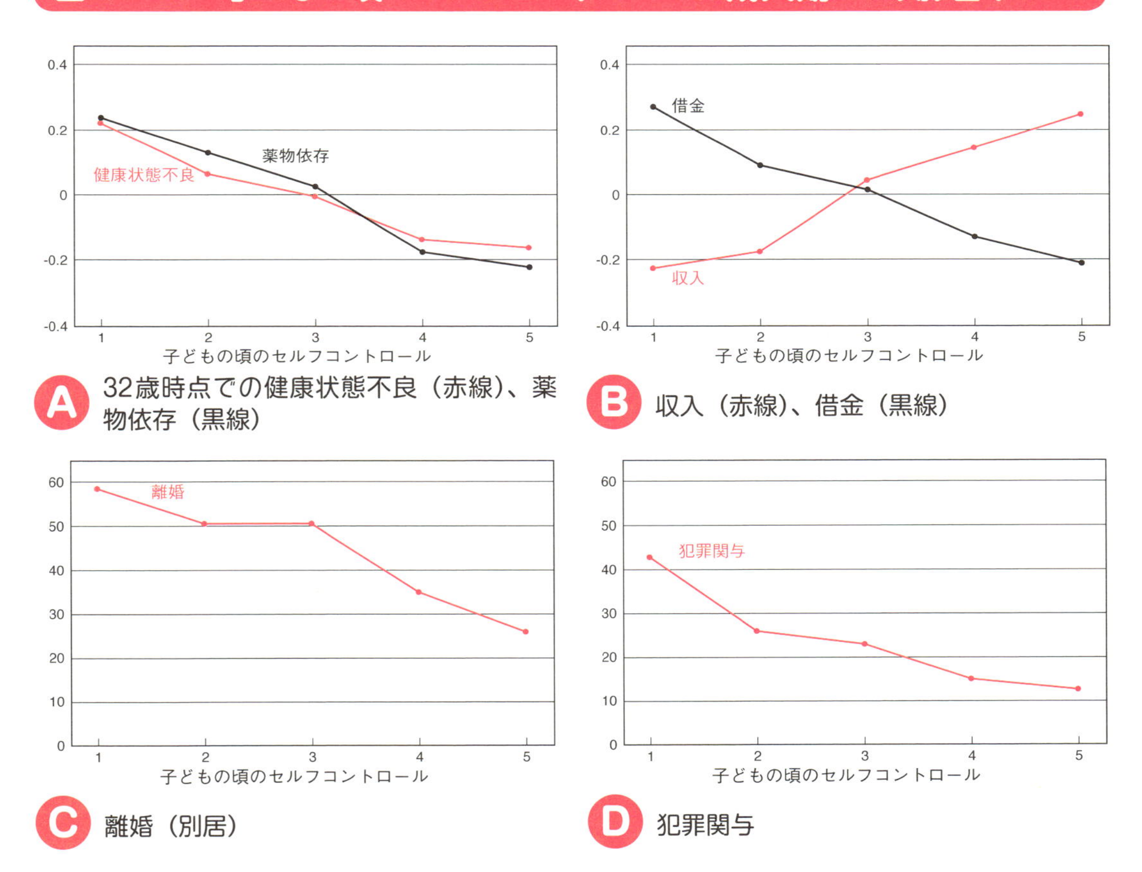

（出典：Bandura, A., Reese, L., & Adams, N.E.: Microanalysis of action and fear arousal as a function of differential levels of perceived self-efficacy. *Journal of Personality and Social Psychology*, 43 (1), pp.5-21.1982.　を一部改変）

上の図1－4をみてください。横軸は子どもの頃のセルフコントロールを示しており、1がもっとも低いセルフコントロールの群、5がもっとも高いセルフコントロールをもった群を表しています（5群に分けています）。Aは32歳時点での健康状態不良（赤線）、薬物依存（黒線）の割合です。ほぼきれいな一次直線になっていますね。子どもの頃のセルフコントロールが、大人の健康状態や薬物依存まで決定してしまうとは驚きです。Ⓑでは、収入や借金まで調査した結果を示しています。同様に、子どもの頃の低セルフコントロール群１は借金が多くて貯金が少なく、高セルフコントロール群５は経済的にも成功しているのです。

さらに驚きなのが、ⒸとⒹです。子どもの頃の低セルフコントロール群１は、約60%も一人で子育てをしていました（つまり離婚・別居していた）。そして、40%以上が何らかの犯罪行為に及んでいたのです。ちなみに、高セルフコントロール群５の犯罪関与者は約10%でした。

この研究は世界中の心理学者を驚かせました。なぜなら、子どもの頃のセルフコントロールが、将来の行動をここまで決定づけるとは、よもや予想していなかったのです。研究者らがもっとも仰天したのは、すべて段階的だったことです。つまり、セルフコントロールを５段階にすると、あらゆる調査結果も５段階に、ほぼ一直線上に並んだのです。

子どもの頃のセルフコントロールが極めて重要であることがおわかりいただけたと思います。この時期にセルフコントロールを高めていくことは、将来の幸せにつながる可能性が高いのですが、それに失敗すると大変なことになりかねません。実はセルフコントロールの弱さは、「認知の歪み」と強い関連があると考えられています。つまり、「何をやってもうまくいかない」とか、「どうせ失敗するに決まっている」というような、極端に否定的な認知の背景には、**「自分のことを自分でコントロールできない」**という**セルフコントロールの弱さ**があるのです。

「認知の歪み」とセルフコントロールの弱さはどう合併するのか

「僕ばっかり叱られる」とか、「うまくできたことがない」といった訴えは、あまりにも悲観的で非現実的にみえます。なぜなら、大人の立場からすると、「意識してほめるようにしている」し、「うまくできていることもよくある」からです。「いくら何でもそれは大げさじゃないの？」と首をかしげたくなることもあるでしょう。

しかし、当の本人は真剣にそう考えています。失敗経験や恥辱的な体験の蓄積が、悲観的で非合理的な「認知の歪み」をもたらします。「自分の力では問題を解決できそうにない」とか「どんなに頑張っても成功するはずがない」と信じ込むと、将来の結果のコントロールを放棄することになります。つまり、ある種の無力感にさいなまされているのです。この状態を**「学習性無力感」**といいます。

もともと衝動性や多動性が高く、セルフコントロールが苦手な子どもが、このような無力感や絶望感に苦しむと、ますます低セルフコントロールの状態になります。つまり両者が合併し、悪循環するのです。

学習性無力感について

「学習性無力感」とは、マーティン・セリグマンという心理学者が、以下のような実験の結果から提唱した概念です。

電気ショックの流れる部屋に2匹のイヌを入れ、1匹にはスイッチを押すと電流が止まるしかけを施した環境、もう1匹は何をしても電流が止まらない環境にします。

この結果、自分で電気ショックを停止できるイヌの群は、積極的に電気を止める（回避行動をとる）ことを学習しました。一方で、止める手段のないイヌの群は、電気ショックを受け続け、回避行動をとらず、電気ショックを受け続けました。

それだけでなく、それらのイヌを、仕切りを跳び越えるだけで電流から逃げられる部屋に移したところ、前者のイヌの群は早々に仕切りを跳び越えて、電気ショックを回避したにもかかわらず、後者のイヌの群は、何の行動もとりませんでした。

このように、自分が何をやっても結果が変わらないと学習することで、どんな状況に対しても行動を起こさなくなってしまうことを「学習性無力感」といいます。つまり、「何をやっても無駄だ。コントロール不可能だ」という認知が形成されてしまうのです。長期間ストレスの回避困難な環境に置かれた人や動物は、その状況から逃れようとする努力すらおこなわなくなる、という現象がいくつかの実験で確かめられています。助けを求めず、絶望状態で苦しみに耐える様子は、「学習性無力感」状態であり、うつ病の症状にも近似しています。

自分で自分の将来（結果）をコントロールできないという「認知」こそが、「うまくいったことがない」とか「自分ばかり叱られる」という「認知の歪み」につながり、自分は無力であり、無能であるという確信を強めてしまうのです。

図1－5　学習性無力感のテスト

●スイッチを押すと電流の止まる部屋に入れたイヌの行動

●何をやっても電流の止まらない部屋に入れたイヌの行動

「認知の歪み」と不適応をもたらす負の連鎖

話は核心に近づいてきました。発達障害のある子どもに関わったことのある人なら、すでにお気づきのことと思います。彼らのなかで、「学習性無力感」状態にある子どもは多くないでしょうか。彼らは、家庭や学校で**学習性無力感を学習している**、といっても過言ではありません。自尊心が低いという表現も可能ですが、実は我々が想像しているよりもはるかに深刻に、無力感や絶望感に苦しんでいるのです。

適応に関しては、発達障害の深刻度よりも、学習性無力感に由来する「認知の歪み」の深刻度のほうが重要だといえます。例えば、中度から重度の知的障害のある子どもで、十分な支援を受けつつ、それほど学習性無力感のないケースでは、適応的な学校生活を送れていることが多いのです。一方で、自閉的特性が強くない子どもでも、重度な「認知の歪み」があるケースでは、深刻な学級内不適応を起こしていることがあります。

「認知の歪み」、発達、感情と行動の問題、効力予期、低セルフコントロール、学習性無力感という重要なキーワードがつながってきたのではないでしょうか。これらは、不思議な関係にあります。すべては強く関連していて、どれかが悪化すると、すべての要因に悪影響をもたらします（悪循環）。逆にいうと、どれかを改善することにより、すべての要因によい影響をもたらすこともあるのです（好循環）。**本書では、特に「認知の歪み」に焦点化し、好循環を生み出す手法をお伝えしたいと思います。**

第❷章

認知行動療法から紐解く3ステップ

本書では、「認知の歪み」から起こる不適応行動について、
認知行動療法を応用してその改善を図っていきます。
そこで、まずは認知行動療法とは何かをその有用性とともに解説します。

第1節 認知行動療法とは

学校で不適応な行動を引き起こす引き金となる「認知の歪み」。本節では、認知行動療法の手法を応用して、よりよい行動へと導く方法をお伝えしていきます。まずは、認知行動療法について解説します。

認知行動療法とは何か

認知行動療法とは、以下の二つの考えを統合したものです。

一つ目は、否定的な認知（マイナス思考）から、より現実的でバランスのよい考え方（適応的思考）に変えていく「認知療法」です。

二つ目は、新たな行動パターンをとることで問題解決能力を高めていく「行動療法」です。

「認知」とは物事の受け取り方であると説明しました。簡単にいうと、物事の受け止め方をよくしていくことで、行動を変化させていこう、という治療法です。

認知行動療法の枠組み

認知行動療法で登場するキーワードは以下の三つです。このキーワードの関連がわかれば、認知行動療法の基礎が理解できたといってよいでしょう。

認知（どう受け止めるか）

感情（どう感じるか）

行動（何をするか）

この順番も大事です。第１章で挙げた宝くじの例で説明しましょう。

極端に悲観的でバランスの悪い認知をするＡさんがいます。宝くじが当たったＡさんは、いったんは喜ぶものの、こんなよいことがあると今後は不吉なことが続くのではないかと考えます（認知）。そう考えると、不安で悲しくてどうしたらよいかわからなくなってきます（感情）。苦しくなったＡさんは、せっかく当たったお金を使わずに、家に閉じこもりがちになりました（行動）。

かなり極端な例ですが、三つは密接に関連していることがわかるでしょう。否定的な認知が先行し、否定的な感情が生まれ、最終的に望ましくない行動がもたらされます。重要なのは、この順番です。認知　→　感情　→　行動　といった順番で問題は生じます。

図２－１　宝くじが当たったAさん

発達障害のあるＢ君を例に、同様の順番で問題が生じていることを確認しましょう。

Ｂ君は授業中の発表が苦手です。先生に指名されると、答えがわかっていても自信がなくて大きな声を出せません。すると、クラスメイトのみんなから、「聞こえないよ」といわれます。そうすると、もう二度と当てられたくないと感じ（認知）、急に気分が落ち込み悲しくなります（感情）。先生にほめられたとしても、体が固まってしまい、怒りで机を叩いてしまったりします（行動）。三つは強く関連しており、認知してから行動するまではほぼ一瞬で引き起こされることがわかります。

図２－２　発達障害のB君

認知行動療法を実施する先生の役割

認知行動療法は極めて教育的な治療法だといわれています。医療場面でも、治療者は患者さんにとって先生（コーチ）のような存在なのです。よって、教育場面で応用しやすい一方で、先生の資質や技量が成否を左右します。学校で認知行動療法を展開する先生の役割は「コーチング」という表現がぴったりだと思います。

コーチ・エイは「コーチングとは、対話を重ねることを通して、クライアント（患者さん）が目標達成に必要なスキルや知識、考え方を備え、行動することを支援するプロセスである」と述べています。

パニックになったり、荒れた行動をとったりする子どもが、自分の現在の状況を冷静に分析することなどできないでしょう。不安や怒りや、周囲に対する猜疑心などで苦しんでいる彼らは、わらにもすがりたい気持ちでいます。つまり、有効なアドバスを求めているのです。我々も病気になったとき、不安に駆られて助けてくれる誰かを必死に探します。どこがどう痛いのか、どうしたら治るのか、医者に相談し、アドバイスを求めます。それらとまさに同じ状況なのです。

彼らの苦しみに耳を傾け（傾聴）、その苦しみを言語化して確認し（共感）、方向性を示して適応的な行動を促す、これが先生の役割です。学校（学級）で認知行動療法を進めるためには、この役割を理解し、コーチングしていく技術を磨いていくことが重要なのです。

● どんな人が向いているのか

共感的であること

アドバイスが重要だといっても、一方的で指示的な姿勢だけでは子どもは耳を傾けてくれません。相手が耳を傾けてくれるためには、その３倍も４倍も傾聴しなければなりません。子どもが抱えている苦しみに対しては十二分な共感が大切ですが、重要なのは、「認知の歪み」にまで全面共感すべきではないということです。このあたりの区別や判断は非常に難しいところです。人間が相手ですので、すべてがマニュアル化できるわけではありませんが、先生が認知行動療法を応用し、技術が向上していくに従って、判断できるようになってくると思います。

親しみやすい

何でも、相談できる人が近くにいると安心できます。そして、少々困難そうなことがあっても逃げずにチャレンジすることができます。先生は、そんな存在になっているのでしょうか？　つまり、困ったときに助けを求められたり、その子どもが不安なときにどうしたらよいか、アドバイスを求められたりしているでしょうか？　学校で認知行動療法を進めるためには、先生がそんな存在になっていなくてはなりません。逆にいうと、「先生のアドバイスが重要な意味をもっているんだ」という認識が子ども側にない場合、認知行動療法は進めようがないのです。

何があっても動じず、笑顔を忘れない人柄は人を寄せつけます。本当に困った状態にある子どもは、そのような先生に助けを求めるでしょう。つまり、ここでいう「親しみやすい」とは、いわば子どもの安全基地のような存在を意味します。

ユーモアがある

親しみやすさと同義かもしれませんが、笑顔やユーモアは、緊張や深刻さを軽減させてくれます。ただし、困っている子どもの前で笑うことで、「ばかにされている」と受け取られてはいけません。本書の第４章の事例でも会話の具体例を示しますが、「認知の歪み」や不適応行動にはパターンがあります。それらのパターンを題材にして、二人にしかわからないようなネタを共有できるとよいでしょう。子どもとの連帯感が生まれ、コミュニケーションが一気に進みます。

●心理教育とは

これまでの教育相談の経験のなかで、このような会話がありました。

子ども「カッとなると我慢できなくなって、机を叩いてしまう」
相談者「じゃあ、そのとき、左手で右手をギューッって、握ってみたらどうかな」

この子どもは、実際に教室でこれを実践し、机を叩いたり物に当たったりする行動が激減しました。ほかの行動の問題はあったものの、自分で自分をコントロールする対処方法を学んで、少し自信をもったようでした。

さて、心理教育というとかなり専門的な響きがしますが、上記は典型的な心理教育の例です。つまり、不適応行動や感情の問題に向き合い、よりよい対処方法を教授して、実践してもらうのです。「これなら普段の学級経営で実践している」という先生も多いでしょう。そうです、すでに多くの先生たちがクラスの実態に合わせ、また子どもの特性に応じて心理教育を展開しているのです。

学校での認知行動療法はこれらの応用です。本書では認知行動療法の技法のポイントを解説し、学校でもやっていただきます。つまり、先生たちは心理教育のエキスパートを目指すのです。

第2節 好循環に変える3ステップ

「認知の歪み」があると「否定的な感情」が生まれ、それが「不適応な行動」「望ましくない行動」につながります。本節では、こうした悪循環を好循環に変えていくための手法について解説します。

なぜ「認知」が重要か

皆さんは、家に引きこもりがちなＡさんや、イライラすると机を叩くＢ君に対してどのような助言をするでしょうか？　おそらく「家に閉じこもっていないで、積極的に外出しましょう」とか、「イライラして机を叩いてはいけません」というでしょう。いうまでもなく、このような支援はあまり効果がありません。

なぜ効果がないのでしょうか？　それはほとんどの人が不適応行動ばかりに注目してしまうからです。不適応行動が生じた原因については解釈せずに、行動の改善ばかりを求めると、行動が改善されないばかりか、相手は支援を拒否するようになってしまいます。

３ステップのうち、出発点は「認知」です。極端で非現実的な「認知」が生じることで、悪感情がわき立ち、不適応行動へとつながってしまうのです。逆にいえば、合理的で現実的な「認知」を獲得すれば、良好な感情が起こり、適応的な行動が生まれるかもしれないのです。よって、筆者は「認知」がもっとも重要であると考えます。そして、この枠組みこそが、認知行動療法の肝でもあるわけです。

私たちが目指すものは合理的でバランスのよい認知です。ちなみに、非合理的でバランスの悪い認知は以下の３点で一貫しています。

- **自分に対する否定的予測（自分は何をやってもだめなやつだ）**
- **他者との関係に対する否定的予測（誰も自分を助けてくれないだろう）**
- **自分の将来に対する否定的予測（今後も自分はうまくやれないだろう）**

図２－３　否定的な感情の子どもたちのつぶやき

このような認知は感情に決定的な悪影響を及ぼし、不適応な行動へと発展してしまいます。そこで先生たちによる治療教育的な働きかけが必要となるのです。

好循環に変える三つのステップ

認知行動療法の枠組みとなるキーワードは「認知」「感情」「行動」です。「認知の歪み（＝否定的な認知）」があると「否定的な感情」が生まれ、それが「望ましくない行動、不適応行動」につながります。このような悪循環を好循環に変えていくためには、まず支援者となる先生が「認知の歪み」を理解することです。そして、本人が間違った受け取り方をしているのであれば、「否定的な感情」を引き起こさないように「感情」に働きかけ、最終的に「望ましくない行動」につながらないように、行動の修正に働きかけて適切な行動へと導き、定着させていく必要があります。

つまり、Step１「認知の歪み」の理解と確認、Step２「感情に働きかける」、Step３「行動を修正し、望ましい行動に定着を図る」という３ステップで、悪循環を好循環へと変換させていきます（図２－４）。

３ステップで適切な行動に導く

本書では、「認知の歪み」から不適応な行動を起こして学級になじめない子どもに対して、認知行動療法を応用した３ステップで、「認知の歪み」の修正を図り、適切な行動へと導く方法を提案するものです。

各ステップには、「認知の歪み」を理解するために押さえておきたい思考のパターンや傾向、認知行動療法を応用した技法があります。Step１では、「認知の歪み」を理解したり、確認するための思考パターンを、Step２では「感情に働きかける技法」を、Step３では「行動を修正し、適切な、望ましい行動に定着を図る技法」があります。そこで、次の第３章では、各ステップごとに知っておきたい思考パターンや技法を具体的に解説します。そして第４章では、これらをどのように活用するのか、事例を通じて解説していきます。

第3章

「認知の歪み」を理解し、適切な行動に変えていく技法

これまで、「認知の歪み」を理解し、不適応行動へと発展させないためのアプローチとして三つのステップをご紹介しました。そこで本章では、その三つのステップの中身について解説します。「認知の歪み」の思考パターンを知り、アプローチ方法としての技法を学んでいきます。

適切な行動に導くための3ステップ一覧ガイド

Step1
「認知の歪み」を理解する

思考パターン1 全か無かの思考

思考パターン2 一般化のしすぎ

思考パターン3 結論の飛躍

思考パターン4 心のフィルター

思考パターン5 マイナス化思考

思考パターン6 拡大解釈と過小評価

思考パターン7 感情的決めつけ

思考パターン8 すべき思考

思考パターン9 レッテル貼り

思考パターン10 個人化

Step2
感情に働きかける

感情技法1
複雑な感情に気づかせる

感情技法2
感情にラベリングする

感情技法3
子どもの思考を裏づける証拠についての質問

感情技法4
“感情→行動”のパターンを知る

感情技法5
感情に向き合う
（失敗を理解する）

「認知の歪み」を理解し、「感情に働きかける技法」を使って認知の修正を図り「行動に働きかける技法」で適切な行動に導く3ステップの一覧です。具体的な内容は次のページから紹介します。

行動技法1
聴くスキルを磨く

行動技法2
誰（何）のせいか？

行動技法3
選択の余地を検討する

行動技法4
ポジティブ・トーク

行動技法5
ほかの子どもの協力を引き出す

行動技法6
役割をもつ

行動技法7
成功時のフィードバック

行動技法8
暴露療法

第1節 「認知の歪み」を理解する→Step 1

本書では認知行動療法を使って、三つのステップを踏みながら、子どもの不適応な行動の改善を図っていきます。本節はその最初のステップとなる、「認知の歪み」をもつ子どもの特性を理解するための思考パターンについて解説します。

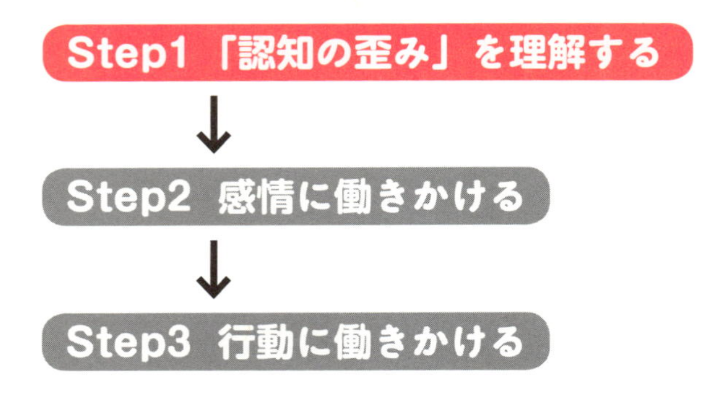

子どもの思考パターンを整理する

子どもがどの「認知の歪み」をもっているかを知るうえでは、これからお話する思考パターンを整理し、評価に活用することが有用です。つまりどのような「認知の歪み」をもっていて、どのくらい深刻なのかを評価します（否定的な認知でどのくらい苦しんでいるのか)。そのうえで、治療教育的働きかけをするのです。

一つの歪みをもっている子どもは複数の歪みをもっていることが多く、影響し合いながら全体的に状態を悪化させていきます。言動があまりに極端な場合があるため、冗談として受け取られることも多く、事実上放置されてしまうことも少なくありません。しかし支援する立場の先生には、「認知の歪み」を深く学んでいただくことで、子どもの発言には十分に配慮していただきたいと思います。

全か無かの思考

もっとも頻繁にみられる傾向です。物事を極端に、白か黒か、0か1かという思考パターンのことを【全か無かの思考】といいます。不登校で苦しむ子どもを想定しましょう。まったく学校に行かないか、毎日全時間出席するか、どちらかしか結論はない、と考えてしまうような認知様式がこれにあたります。また、少しのミスでも完全な失敗と考えてしまう傾向があります。

本来0と1の間には、無数の選択肢があるはずです。現実社会ではそのあたりの折り合いをうまくつけて生活できる人を世渡り上手というのでしょう。一方、【全か無かの思考】にとらわれると、柔軟さが失われ、現実的な解決方法がみつからなくなります。

思考の柔軟性に欠け、極端な結論を導き出そうとします。

一般化のしすぎ

たった一つよくないことがあると、それが何度も何度も繰り返し起こるように感じてしまう傾向のことです。「僕ばっかり…！」とよくいう場合がそれにあたるかもしれません。

これは対人関係でも発生します。たった一度でもトラブルがあると、その人（あるいはその周囲の人たち）に対して、過度に否定的に決めつけをしてしまいます。下記のような子どものつぶやきを聞いたことがあるのではないでしょうか。

「いつもおこられてばっかり」

「失敗してばっかり」

「うまくいったことがない」

その背景には、過去の辛い体験が基になることも多いのです。そのために何事にも否定的な結果を繰り返し予想してしまう認知のことを【一般化のしすぎ】というのです。

過去の失敗やトラウマにとらわれて、極端に悲観的な予測をします。

結論の飛躍

根拠もないのに、悲観的で否定的な将来を予測してしまう傾向をさします。例えば、新しいことに挑戦する前から「絶対にできるわけがない！」とか「うまくいくはずがない」と決めつけることです。

先生が、まったく別のことでほかの子どもを叱ったとしましょう。全然関係のないことにもかかわらず、「自分も叱られるに違いない」とか「学校生活はお先真っ暗だ」といったように、何の根拠もなく悲観的未来を予測してしまうことを、【結論の飛躍】といいます。

根拠がないにもかかわらず、悲観的な思考が定着し、常に否定的です。

心のフィルター

わずかによくない出来事にこだわって、そればかりを考えてしまい、その他のよい出来事は無視してしまう傾向のことを【心のフィルター】といいます。 例えば、運動会のピストルの音が嫌いな子どもがいたとします。その子は、ピストルの音ばかりが気になって、自分の競技に集中できません。またこれがきっかけとなり、運動会そのものを嫌いになってしまい、先生や友達と関係がうまくいかなくなることもあります。特定の人（先生や友達）に対する【心のフィルター】が存在する（ある人のわずかによくない側面にこだわってしまい、その人自体を受けつけない、強迫的に気にしてしまう）こともあります。

特徴的な言葉や態度

マイナス面が少しだったとしても、そこだけにとらわれ、過度に否定的になります。

マイナス化思考

よい出来事を無視、あるいは悪い出来事にすり替えてしまう「認知の歪み」を【マイナス化思考】といいます。この傾向が強いと、先生から頻繁にほめられたとしても、「一回もほめてもらったことがない！」と強弁することがあります。つまり、よいことが起こっても、それに対する注意や関心が薄いのです。

また、不快な出来事に対して自動的にイメージや考えが浮かぶことを「自動思考」といいます。このイメージがネガティブなほうに偏っていると嫌な気持ちになり、不適応な行動となって反映されます。例えば、班を決めるときも「誰も一緒になりたいと思ってくれない」「また一人ぼっちだ」というイメージが先行し、頑なまでに拒否することがあります。

特徴的な言葉や態度

プラスのことはほとんど心に残らず、マイナス面だけが強調されます。

拡大解釈と過小評価

自分の失敗を過大に考え、長所を過小評価する「認知の歪み」を【拡大解釈と過小評価】といいます。逆に他人の成功を過大評価し、他人の欠点を見過ごす傾向もあります。「自分は人と比べて何にもできない、劣っている」という思い込みが強い子どもがもちやすい「認知の歪み」です。

例えば、ボール競技の試合でドリブルのミスをしてしまったとき、ほかの子どもも同様のミスをしているにもかかわらず、自分の失敗を過大に評価し、「またみんなに迷惑をかけてしまった」とか「やっぱり自分はクラスで一番下手だ」という飛躍した考えをもつ傾向のことです。反対に、自分とそれほど実力が変わらないのにもかかわらず、他者のうまくいった行動を過大に評価して、自分を相対的に低く評価してしまうこともあります。

感情的決めつけ

「こう感じるんだから、それは本当のことだ」というように、自分の感情を、真実を証明する証拠のように考えてしまうことを【感情的決めつけ】といいます。 相性がよくないのはよくあることですが、先述の【心のフィルター】と合併して起こりがちです。例えば、仲の悪いＡ君の発言に反応してパニック行動を起こしたＢ君は、しばしば「Ａ君はものすごく悪いやつだ！」という言い方をします。しかし、一般的な見方からすると、Ａ君の発言はごく普通のものであったり、みんなに受け入れられたりします。問題は、自分が嫌な気持ちになったのだから、相手や相手の発言はよくないことだと感情的に決めつけることです。

特徴的な言葉や態度

自分の否定的感情だけを根拠にしているので、周囲の助言が耳に入らなくなります。

すべき思考

「〜すべき」「〜すべきでない」と考えてしまうことを【すべき思考】といいます。「〜すべき」と考えていることができなかったり、「〜すべきでない」ことをしてしまったりすると、自己嫌悪や罪の意識をもちやすくなります。【全か無かの思考】の「認知の歪み」に近く、バランスに欠け、非現実的な認知となります。例えば、「授業中は静かにすべき」という観念にとらわれすぎると、大声を出してしまった自分に対して極端に否定的なイメージをもちやすくなります。一方で、ワイワイガヤガヤと楽しんでよい場面であったとしても、この観念にとらわれすぎると、授業中ににぎやかにしている友達に対して怒りの感情や葛藤が生じやすいのです。つまり、こうした「認知の歪み」が強いほど、複雑で否定的な感情が生じやすくなります。

自分のなかの絶対的基準にとらわれすぎて、周囲の子どもや先生がそれに合っていないとき（大抵は合わないのですが）、否定的な感情を抱きやすくなります。

レッテル貼り

極端な形の【一般化のしすぎ】といってもよいでしょう。一つのミスをしたことで完全にネガティブな自己イメージを創作してしまうことを【レッテル貼り】といいます。第1章でも学習性無力感を説明しました。長期間強度のストレスに曝されると、自分自身では何も解決できない、という極端な認知を形成してしまうことがあります（学習性無力感）。

この場合、自分のことを「ゴミ」とか「役立たず」というようにレッテル貼りしてしまうことがあります。もっともひどい場合には、自分のことを「コキブリみたいだ」と形容したケースもあります。あまりにも極端なので周囲に理解されにくいのですが、究極の悪循環の結果だともいえます。

否定的な自分のイメージをレッテル貼りして表現し、それを本当の自分だと思い込んでしまうことがあります。

個人化

よくない出来事を、自分に責任がないような場合でも自分のせいにしてしまう、あるいは、すべてを他人のせいにしてしまう「認知の歪み」を【個人化】といいます。「自分がバカだから親に迷惑をかけてしまった」とか、「あいつが下手だからチームが負けてしまった」など、さまざまな否定的な結果をすべて自分の能力のなさにつなげてしまったり、あるいは責任転嫁をしてしまう「認知の歪み」です。このような状態では積極的に努力することが難しくなるので、さらに「努力できない自分は本当にだめな人間だ」という歪みに発展することがあります。

感情に働きかける技法→Step2

本節では二つめのステップで使う技法を解説します。突発的な不適応行動やパニック行動の背景には、「とても不快で複雑な感情」が存在します。それらは、激しくわき上がるような感情です。この感情が、いつ、どのようにわき起こってくるかを子ども自身が理解できるようになると、感情のコントロールも可能になるのです。

自分の感情に気づく（言語化する）

ここでは、Step２にあたるものとして、本人の認知の受け取り方が極端すぎて、それによって苦しんでいることに気づいてもらい、感情を修正していく技法について解説します。

「認知の歪み」→「否定的な感情」→「不適応行動 or パニック行動」は、密接に関連しており、一瞬のうちに発生します。本節では、Step２として、「否定的」であり、ともに「複雑」な感情に気づいてもらうことに焦点化します。また、それに伴う身体症状にも気づかせます。

感情に気づいてもらうには、例えば、「“怒り”や“失望”や“恥ずかしさ”が合わさったような感情」という具合に、言語化していくことが大切です。言語化することで、具体的に自分の内面をみつめることができるようになるからです。

その感情がわき上がったときの、“心臓がドキドキする”、“歯を食いしばる”、“全身が固まる”、などの身体症状も言語化します。子ども自身は、一瞬のことなので冷静に分析したことはないでしょう。だからこそ、この作業は効果的です。感情と身体症状に気づくことで、それに対応するスキルを磨くチャンスが訪れるのです。つまり、これは感情を理解する心理教育といえます。

感情に働きかける技法

感情技法１

複雑な感情に気づかせる

**認知行動療法では、自分の気持ちに気づき、
それを言語化したり図示したりすることを重視します。
ここではそれらのスキルを磨きます。**

第三者から怒りの原因が理解しにくい

「思い切り机を叩く」「大声を出す」「物を投げる」「泣き出す」といった不適応な行動またはパニック行動を示す子どもがいます。保護者や先生が「そのきっかけはたいしたことないのに」と考えている場合、そうした突然の行動に対しては理解に苦しむことでしょう。

例えば、「今から算数のテストをはじめるよ」とか、「できた人からもってきなさい」といった、ごくありふれた指示がきっかけでパニック行動を示す子どもは、「認知の歪み」をもっていることが多いのです。つまり、「またテストばっかり！！」【一般化のしすぎ】とか、「今回も提出が一番遅くなってしまう！」【マイナス化思考】というように、否定的な認知にとらわれてしまっているのです。

怒り、不安、悲しみなどの感情がこみ上げてくる

こういったケースでは、「思い切り机を叩いてしまうときって、どんな感じ？」と聞いてみましょう。以下のように答えるかもしれません。

「胸がムカムカして、こみ上げる感じ」

「お腹のなかの虫がざわつく感じ」

「一気に頭が爆発して、何も考えられなくなる感じ」

その時の子どもは、“怒り”“いらだち”“不安”“抑うつ”“恐れ”“嫌悪”“悲しみ”“うんざり”といった複雑な感情がこみ上げてきて、一気に爆発（感情失禁）してしまっている可能性があります。これがパニック行動なのです。

私たちはこれを“複雑な感情”と呼びます。この場合の“複雑な感情”とは、否定的で不快で言語化しにくい感情をさします。大人でも言語化しにくいので、子どもにとってはどう表現してよいかわからず、苦しみもがいています。

そのような子どもに対して、「○○君はイライラとか、悲しみとか、キライっていう感情がゴチャ混ぜになったとき、机を思いっきり叩いてしまうんだね」と共感的に言い交わしてみましょう。つまり言語化するのです。そうすることではじめて感情が理解できるようになります。これが、【複雑な感情に気づかせる】技法です。

パニック行動のメカニズムを説明する

大抵の場合、複雑な感情がわき上がると同時に、その子ども独特の身体症状が発生します。例えば、

“怒りと絶望感”（不快で複雑な感情）

“頭に血が上って真っ白になる”（身体症状）

机を思いっきり叩いてしまう　（パニック行動）

このときの感情と身体症状、そしてパニック行動に至る一連の流れを、子どもと先生で一緒に紙に書いてみましょう。イラストで説明するとさらにわかりやすくなります。いわば、協働作業でパニック行動のメカニズムを解明するのです。

パニック行動だけを減らそうとすると、本人は自分が責められているような気分になります。しかし、この作業ではパニック行動の背景にある感情や症状を取り上げているので、子ども自身も積極的に取り組んでくれます。いわば、黒幕は複雑な感情や身体症状なのですから。

このようにして、一連のパターンがあることを理解できたら、パニック行動に至る、以下の特徴についても探っていきましょう

・いつ

・どこで

・誰と

・どんな表情をしている

・どんな場面

決して深刻にならず、探偵になったような感覚で取り組んでみるとよいでしょう。

感情技法２

感情にラベリングする

感情の理解を促すために、感情やその感情によって引き起こされる身体症状に名前をつけましょう。この作業により、不快で否定的な感情をより客観的に捉えられるようにします。

自分の気持ちにわかりやすい名前をつける

複雑な感情は言語化しにくいというお話をしました。そこで、複雑な感情に名前をつけてみましょう。名前をつけることで、言語化され、客観的に捉えられるようにもなります。例えば、「ムカムカ雲」「ザワザワ虫」「バクハツ風」、といった感じです。わかりやすく、共有しやすい名前がよいと思います。「“ムカムカ雲”がわき上がったときに、自分は机を思いっきり叩いてしまう」ということが理解できたとき、大抵の子どもはとてもすっきりした表情になります。

このように、子どもが自分自身のパニック行動を理解できずに苦しんでいたことが、先生も認識できるようになります。このあたりは、Step２「感情に働きかける技法」の山場になります。

先生との会話はユーモラスに

また、名前をつけるときは深刻にならず、遊び感覚でラベリングし、子どもとのコミュニケーションを楽しむようにしましょう。遊び心を効果的に使用することで、より高度なコミュニケーションに発展させることができます。プレゼンテーションの上手な先生は、流れのなかで必ずユーモアで聴衆を沸かせますね。それは一緒に笑うことで、自然とコミュニケーションの質が高まることを熟知しているからです。

例えば感情の抑制に苦労していて、ついパニック行動や爆発的な言動に発展してしまうＡ君がいます。そこでは、次ページの対話のように、遊び心たっぷりに「認知の歪み」に名前をつけると効果的です。

会話例

パターン 1

A君、最近『また僕ばっかりー！』って言わないよね

いや、思っているけど言わないようにがまんしている

そう思っているときのA君の顔を見ると、すぐわかるよ

そのときの先生の顔もすぐわかるよ。目がつり上がっているから、その目を見てがまんできるようになってきた

『僕ばっかり少年』を卒業したってことだね

それはひどい名前だよ

パターン 2

B君、また今日も作文の時間に、何を書くか悩んでいて、全然進まなかったね

そう、何か書こうとすると、いつも固まっちゃうんだ

固まるときってどんな気持ちかな？

ああー、書けない、書けない、書けない、どうしよう!! ずっと書けないかも!!

つまり不安と焦りだね

そう。本当に不安で、焦っている

その時の体の状態はどんな感じ？

心臓から冷たい血が流れてきて、一瞬で頭のなかが真っ白になる

そうか、辛いね。だから全然動けないんだね。

もう、そのときは返事もできないんだ！

そうか、じゃあ、それを“雪男”状態と名づけよう。雪男になりそうなとき、すぐ先生のところに相談に来られるかな？

ヘンテコな名前だね。でもやってみるよ!!

子どもと一緒に笑うということは、最高のコミュニケーションができているということです。

感情技法３

子どもの思考を裏づける証拠についての質問

不機嫌な状態が続くと、いいことがあったとしても否定的な感情がわき上がることがあります。悪いことが起きそうだと考えると（否定的予測）、否定的感情が生まれやすいのです。否定的予測と感情との関連を理解させるスキルを紹介します。

自分の捉え方に根拠がないことに気づかせる

「認知の歪み」で解説した、思考パターン【一般化のしすぎ】や【心のフィルター】をもつ子どもは、実際に起こっていることよりも一層否定的に物事を捉える傾向があります。例えば、「自分だけがいつも叱られている」とか、「A 君はいつも嫌がらせをする」と訴えている場合、あまりにもその信念が強すぎると、その修正は容易ではありません。この場合、「そんなことはない」とか「そんな風に考えるべきではない」という否定的な働き方をすると、余計に確信を強めてしまうことにもなりかねません。子どもの確信を否定するのではなく、自分の固い信念に根拠がないことに気づかせるようにしてください。

否定的な信念（思い込み）の発見へ

否定的な信念に根拠がないことを、現実の生活のなかで気づかせつつ、どのような否定的信念(思い込み)をもっているのかを発見していく作業も重要です。否定的信念(思い込み)があるからこそ、否定的で複雑な感情が惹起されるからです。

例えば、ある駐車場で２回事故を起こしたとしましょう。もう事故を起こすのはコリゴリという気持ちとなり、その駐車場に行くだけで「また事故が起こるのではないか」と不安になるでしょう。クラクションを鳴らされたり（自分に対してではなくても)、誰かがじっとこちらをみているだけだったりしても、何か悪いことが起こったのではないかとドキッとしてしまうかもしれません。そんな状態だと、余計に事故を起こしてしまう確率は高くなるでしょう。

不適応行動を多発させる子どものなかには、教室で否定的予測にとらわれているケースがあります。「あの子はいつも自分をいじめる」「自分はどうでもよい存在だ」という否定的信念（思い込み）があると、例えよいことがあっても、否定的感情がわき上がることがあるのです。

つまり、次の手は、どのような否定的信念をもっているかを気づかせることなのです。そして、その思い込みがいかに自分の学校生活を邪魔してきたかについて、話し合いましょう。自分自身を悩ませてきた否定的信念（実際には根拠のない思い込み）を発見できたとき、適応的な行動に変化できるチャンスとなります。

会話例

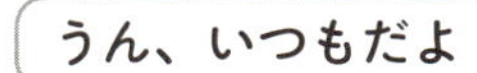

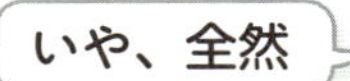

強い「認知の歪み」をもつ子どもは、以下の3点で否定的予測をもっています。

- **自分に対する否定的予測（自分は何をやってもだめなやつだ）**
- **他者との関係に対する否定的予測（誰も自分を助けてくれないだろう）**
- **自分の将来に対する否定的予測（今後も自分はうまくやれないだろう）**

しかし実際には他者に助けられていたり、失敗ばかりしているわけではありません。そこで、会話のなかで現実とのズレを認識できるようにしていきます。

感情に働きかける技法

感情技法4

“感情→行動”のパターンを知る

パニック行動はさまざまにありますが、ほとんどの場合、一貫したパターンがあります。複雑な感情がわき上がったときに頻発させる行動パターンを認識することで、そのパターンを変えることが可能です。いわば“先手を打つ”のです。

どういう場面でパニックになるかを知る

“感情→行動”パターンを共有しましょう。“複雑な感情”が込み上げたときに、制御不能になって（感情失禁）、パニック行動に至るパターンを、子ども自身にも悟ってもらうと同時に、先生もその状況パターンを分析し、認識するのです。このとき、子どもと先生は以下のことを共有してください。

・複雑な感情をイメージする
・複雑な感情がわき上がってきたとき、パニック行動に至るパターンを認識する
・複雑な感情がわき上がるのは、どのような状況か（例えば、はじめてのことをするとき、苦手なことをするときなど）

パターンを知ることで悪循環を断ち切る

これが【“感情→行動”のパターンを知る】技法です。この技法場面では、先生が子どもに共感し、苦しみを共有できるので、とてもうまくいきます。そして、この後の行動技法の展開を容易にします。

低セルフコントロールの状態で、パニック行動を自分で抑制できないことには何らかの理由があったのだ、と子どもと先生が共有することが重要です。パターンを知ることにより、その悪循環から抜け出す方法が見つかるのです。

この場合、「認知の歪み」と関連づけながら【“感情→行動”のパターン】を発見していくと効果的です。【子どもの思考を裏づける証拠についての質問】でも紹介したとおり、「認知の歪み」を基盤として、否定的予測（自分や他者に対して）にとらわれてしまった場合、一気に感情爆発やパニック行動が連鎖します。

自分を「いつもパニックになって人に迷惑をかけている悪い子」と考えている子どもがいたら、この作業を通して、先手を打って、悪循環のパターンを回避できることを教示します。

感情技法５

感情に向き合う（失敗を理解する）

パニック行動に至る感情の爆発について、先生と子どもがともに分析します。“複雑な感情”について相互に理解を深めることで、対処方法の糸口をつかむのです。いわば学校での認知行動療法の山場です。

自分の怒りを逃がしていく方法を知る

複雑な感情が理解できたら、その【感情に向き合う】練習をしましょう。つまり、「失敗を理解する」のです。そうすることでセルフコントロールを高め、学習性無力感からの脱却を目指します。

学校で複雑な感情からパニック行動が生じた場合、できるだけ間をあけずにコミュニケーションをとるようにします。十分に落ち着かせたあとで、どのように複雑な感情がわき上がり、パニック行動が生じたのかを分析します。失敗を理解することにより、複雑な感情の対策を考えることができます。そして、「算数のテスト」や「新しい学習内容」がパニックの原因ではないこと、そして複雑な感情が真の原因であることを繰り返し教示します。

複雑な感情は対処可能であり、それさえコントロールできれば、パニックな行動が生じることもないのです。つまり、「パニック行動に至るのは、自分の能力の低さではない」ことを気づかせる技法なのです。そして、「複雑な感情は自分でコントロール可能なのだ」ということを、Step３「行動に働きかける技法」を通じて認識させていきます。

不快で複雑な感情に向き合ったり、過去の失敗を思い出して分析したりすることは、誰にとっても苦痛な作業です。大人でさえ難儀することでしょう。しかし、このように問題やパターンを発見し、それに正面から向き合い、対策方法を考えていかなければ、認知行動療法は進んでいきません。

そこで、学校で認知行動療法を展開するうえでは担任の役割が極めて重要です。担任は、その子どもを十分理解し、信頼関係を構築する必要があります。そして、よき話し相手であり、パートナーでもあり、コーチでもあるのです。

この技法は、担任自身の治療でもあります。教室内で子どもがパニック行動を頻発させている状況では、担任自身も自信をなくしたり、罪悪感にとらわれたりしているはずです。子どもの「認知の歪み」や複雑な感情に対して向き合うこととは、それまでの指導方法や支援のあり方を見直すことと同義なのです。

Column

〚子どもをしっかり受け止めよう①〛

●焦らない、欲張らない

これまでの認知行動療法の講演の経験では、「認知の歪み」の話をすると、大多数の先生が「そうそう、そうなんです」「あの子も同じことをいっていました」という反応をされます。認知行動療法では、「認知の歪み」に気づき、修正（認知再構成といいます）を促しますので、当然それらの技法およびスキルを話していきますが、その時いつも大きな不安が頭をよぎるのです。

つまり、「あなたのここが『認知の歪み』なのよ」とか、「ここを修正しなさい」という指導が教室で飛び交っているのではないか、と。冒頭でも述べたように、認知行動療法は、ほかの精神療法と比較すると、教育的で指示的、指導的側面が強いです。だからこそ、学校での応用は比較的容易だと思います。

しかしながら、協調関係が構築できていないのに、焦ったり欲張ったりすることは絶対に禁忌です。不適応行動を多発させている子どもは、他児よりも圧倒的に指示を受けることが多く、叱責されることも多いはずです。そもそも、今までに散々指示されて叱られているので、担任に対して「この先生の指示だけは絶対聞くもんか !!」という態度をとっている状態も珍しくないのです。このような状況では、いくら認知行動療法が学校教育と親和性が高いといっても効果が期待できるはずもありません。

本書に挙げた技法や、学校での応用はそれほど難しいとは思いませんが、不適応行動を多発させる子どもとの信頼関係を構築し、彼（彼女）のコーチであると認識してもらうことは容易ではありません。自分を理解してもらうために、まずは相手を受け入れ、理解し、共感する。そこがすべての出発点だと思います。

行動に働きかける技法→Step 3

三つ目のステップは行動の変容です。認知の修正と行動の変容は一体化しています。つまり、連動しているのです。認知の修正では具体的に「認知の歪み」の気づきを促したように、行動の変容でも、具体的に望ましい行動を教示することが重要です。

望ましくない行動を望ましい行動へ

ここでは、Step３にあたる技法として、望ましくない行動、不適応な行動を望ましい行動、適切な行動へと変化させる技法について、教室でできるものに焦点化して解説します。

これまで説明してきたように、大抵の不適応行動はパターン化しています。その悪循環のなかで、子どもも先生も苦しんでいます。

「望ましくない行動　→　望ましい行動」とは、これまでの悪循環を断ち切り、新たな行動をとってみるということです。この時、事前に準備をして、新たな行動を試してみる必要があります。不確定要素が多い日常生活では、そのようなことは至難の業ですが、高度に構造化された学校では可能です。

例えば、体育の時間にいつもパニック行動になってしまう子どもがいたとしても、事前に対策を考え、より望ましい行動の選択肢を与え、ロールプレイすることによって準備ができます。また、うまくいかなかったときでも、すぐにフィードバックして対策を考え、次の機会に活かすことができます。このようなことを繰り返すことで、より合理的で適応的な行動の定着を目指すのです。

行動技法1

聴くスキルを磨く

聴くスキルは、対人関係スキルの基本です。「聴く」ことが苦手な子どもたちだからこそ、スキルトレーニングは重要です。うまくトレーニングすれば、確実に「聴く」スキルは向上します。

「聴く」ことが極端に苦手な子どもたち

「ソーシャルスキル」とは、対人関係や集団行動を上手に営むための技能（スキル）のことです。その対人行動を習得する練習を「ソーシャルスキルトレーニング」といいます。ソーシャルスキルのなかでもっとも重要なのは、「聴く」スキルであるといわれています。

実際の生活のなかで「聞く」と「聴く」では大きく異なります。ラジオを聞いたり、電車のなかで見知らぬ人たちの会話を聞いたりするのは、まさに「聞く」です。自然と耳に入ってくるだけで、話している相手の反応を気にかけることはありません。

一方、話す相手に向かって言語的・非言語的に反応し、対人関係を円滑にするのが「聴く」です。例えば、"話す相手の目をみる""うなずく""相づちを打つ""表情を読み取る""表情をつくる"のが「聴く」なのです。まさに、コミュニケーションの基盤ですね。

人は社会経験を積んだり、重要な役割や役職を与えられたりすることにより、真剣に「聴く」ことが求められ、少しずつ上手になっていきます。一方で、集団不適応を起こしていたり、「認知の歪み」の悪循環で苦しんでいたりする子どもたちの多くは、「聴く」ことが苦手です。特に友達とトラブルがあったときに、しっかりと相手の目を見て話すべき場面でも、平気で手遊びしていたり、困っている相手の様子を無視したりするかのように、一方的に自分の主張を展開しようとすることがあります。

図3－1 「聴く」とは

「聴く」とは「目と耳を心と体全体」を使って聴くこと

先生と「聴く」トレーニングを磨いていく

このような子どもには、「聴く」スキルのトレーニングは必須かつ極めて重要です。まずは「聴」という漢字の説明からはじめましょう。「聴」とは、“耳”と“心”と“目”と“体全体”で聴くことを意味します（図３－１）。“聴く”とは、「相手の主張をまず受け入れること、話し合う過程では適切にうなずき、目を合わせ、相づちを打つこと」であることを何度も何度も子どもに伝え、理解してもらいます。そして、先生との話し合いのなかで、先生自身がモデルになるのです。

驚くべきことに、「相づちを打つ」ことや「タイミングよくうなずく」ことの重要性を認識できていない子どもはたくさんいます。さらに、練習してもなかなかできるようにならないことも多いのです。ここでつまずく子どもは、当然ながら、集団生活で適応的に行動することは難しいのです。

この技法は、担任にトレーニングしてもらうことに意義があります。先生との練習のなかで相互のコミュニケーションが深まります。また担任なら、スキルの定着度もすぐにわかります。少しでもスキルが上達したらフィードバックしてほめてあげてください。

ソーシャルスキルは、「聴く」にはじまり、「聴く」に終わる、といわれるほど、「聴く」スキルは奥が深いものです。「聴く」スキルが定着すると、対人関係でのトラブルをスムーズに解決することができます。

行動技法2

誰（何）のせいか？

緊張感が高く、不安な状態では、失敗した状況をうまく理解できないことが多く、そのことにより問題を悪化させるような行動をとってしまうことがあります。ここでは、現状を吟味するスキルを磨きます。

何が原因で起きているのかを理解する

子どもが不適応な行動になる背景には、何らかのきっかけや原因があるはずです。その原因をどう考えるかによって、そのときの感情や、その後の行動が変わってきます。そのため、不適応な行動が発生したときの原因を正確に理解することは極めて重要なのです。「原因帰属」「今、ここで現実吟味」「協働作業」という言葉をキーワードに説明します。

「原因帰属」失敗の原因を何のせいにするのか

ある結果の原因を何に求めるのかということを「原因帰属」といいます。不適応な行動の背景には、何らかのきっかけや原因があるはずです。残念ながら、不適応行動が多発している子どもたちの「原因帰属」の多くは間違っているか、歪んでいることが多いのです。原因特定に問題があるので、その後の感情や行動も不適応になりやすいのです。

子どもが泣いていたり、パニックになったりして、落ち着いたときにその原因を聞くと、トンチンカンな説明が返ってきて、「えっ？」と首をかしげてしまうことはないでしょうか。例えば、友達のＡさんに怒りをぶつけていたけど、本当のトラブルの原因はＢさんだったとか、本来は宿題のことでイライラしていたのに、いつの間にか掃除用具に八つ当たりしていた、などのケースです。

「今、ここで現実吟味」＝自分が置かれている状況を自分のこととして捉えているか

小・中学生の子どもにとっては、自分自身の問題行動の原因を正確に把握することは困難です。何らかの発達障害があるお子さんにとっては、一層難しく感じるでしょう。だからこそ、担任の支援が必要なのです。担任は、クラス全体の様子をもっともよく把握しているので、何か問題があってもその背景を推察しやすいのです。また、問題があったときにすぐに対応もできます。これを「原因帰属の修正」、平たくいうと「今、ここで現実吟味」といいます。次に例示します。

A 君、どうして怒っているの？

Bさんが僕にほうきを押しつけたんだ

B さんはね、一緒に掃除をしようとして、A 君にほうきを渡したんだよ。B さんがちりとりを持って、待ってくれているよ

クリニックで週１回行う認知行動療法では、患者さんの言い分しかわかりませんし、その場で適切な原因帰属の修正は不可能です。ですから、「原因帰属の修正」は学校でおこなうことがもっとも強力かつ有効なのです。そして、認知の歪んだ原因を「今、ここで現実吟味」することにより、修正を図っていくことがとても重要なのです。

「協働作業」同じ目的に向かって力を合わせる

子どもによっては、自罰的（自分が悪いと思う）であったり、他罰的（相手が悪いと思う）であったりします。どちらも状況や原因を誤解しやすく、それによって否定的な感情や行動が引き起こされます。このようなパターンが定着している子どもに対しては、より積極的に原因帰属の修正を促す必要があります。

認知行動療法は、もっとも教育的な介入法であるといわれます。つまり治療者は、受容共感的に相手を受け止めるだけでなく、積極的に問題解決法を提示し、よりよい行動へと導くサポートをするのです。

学校での治療者は「先生」です。先生は「今、ここで」生じた問題に対して、一緒に考え、もっとも合理的でその場にふさわしい解決法（原因帰属を修正し望ましい言動）を提示することができます。これは治療というよりは、むしろ「協働作業」に近いイメージです。これを繰り返すことにより、起こった問題の原因は【誰（何）のせいか？】が少しずつ、正確に把握できるようになります。

ただし、先生からの一方的な指示や命令にならないよう留意する必要があります。常に子どもに対して共感的でなければ、この技法の効果は半減します。子どもの発達段階、特性、学級集団の状況など、多要因の背景を考慮したうえで、この技法を使用することが肝要なのです。

行動技法3

選択の余地を検討する

失敗経験を蓄積すると、否定的予測が強くなり、思考の柔軟性が失われます。AでもBでもない、まったく違う行動Cを検討できるようなスキルを磨きます。

失敗するとしか考えられない

「認知の歪み」のくせを気づかせて、不適応な行動が起きそうなときの具体的な選択肢を提示し、肯定的に励ますことによって適切な行動を定着させる技法です。今までは一つしかなかった行動パターンを変容していくことが重要です。成功体験を通して、いくつもの選択肢が存在することを認識できるようにします。

会話例

先生、次の時間は遠足の班決めをするの？

そう、班を決めてどこを見学するかを相談するよ

班決めで一人ぼっちになるからしたくない。班での見学もうまくいかないから遠足も行きたくない

いつも親切にしてくれている○○君と、同じ班で仲よくしようねって声をかけておいたらどうかな？

そして班決めのじゃんけんで負けたときは、落ち着くまで教室から出て行ってもいいよ

でも班行動だといつもけんかになるよ

じゃあ、班が決まったらどうしたらいいかまた相談しよう

会話からみてとれるように、この子は失敗経験を蓄積しており、本来であれば楽しい行事であっても、あらゆることに不安で、失敗してしまうことしか予測できないのです。このような状態では適切な行動をとることは難しいでしょう。

好循環になるように見通しを提示する

先生は、これから起こる場面を想定し、適切な行動の選択肢を提示します。できれば複数提示して、子どもに選択してもらうとよいでしょう。このような対話が成立すれば、先生は子どもの最良の相談相手として認知されているということです。

そして、「肯定的な励まし」は子どもの背中を押すことになります。「肯定的な励まし」とは、先生が子どもを信頼しているという直接的なサインです。それを受け入れた子どもは、なんとか先生の期待に応えられるように努力します。これは、そうした好循環を生み出す技法となります。

その子どもが理解できる小さな行動提示を

友達を叩いてしまう子どもに対して、いきなり「絶対に友達を叩かない」という目標を立ててみても、大抵はうまくいきません。繰り返しになりますが、このような子どもは自分では修正不可能な「認知の歪み」に端を発して、“否定的な感情（複雑な感情）”で苦しんでいるので、行動だけを適応的にすることはできないのです。

このような場合、実現可能な小さな目標設定をすることが効果的です。例えば、「次は得意な算数の時間だから、この時間は手を出さないよう努力しようね」「次の時間に複雑な感情が出てきたら、机を叩くのはOKだよ。でも人を叩くのは、なしだよ」といった目標を提示します。

達成できたらほめていく

もちろん、子どもが小さな目標をクリアできたときにはほめてあげてください。即座のフィードバックは、非常に効果的です。

これは、子どもをよく理解している担任にしかできない技法です。具体的で、ハードルの低い目標設定を心がけます。さらに、達成したことがわかりやすい目標がよいでしょう。そうすることで、自分のことは自分でコントロールが可能であるという成功体験の蓄積を目指します。

セルフコントロールを高めるような成功体験の蓄積を

先生は、なんとか新しいことをさせて子どもに成功体験を積ませたいと考えていることと思います。しかし、手とり足とりの体験で成功したとしても、またたくさんほめても、自分に自信をもつことは難しいでしょう。「自分は自分でコントロールできた」というセルフコントロールがついたとき、子どもたちは成功体験を実感することができます。

行動技法４

ポジティブ・トーク

否定的感情にとらわれていると、自分自身のよさに気づかなかったり、過小評価してしまったりします。一番近くにいる先生が、子どもとの会話のなかで自分自身のよさや長所に気づかせていきましょう。

自分自身の素晴らしさに気づかせる

認知行動療法では、「セルフコントロールが弱い人は鬱になりやすい」と考えています。つまり、自分の力では将来の結果を変えられないと考える人は悲観的になりやすいのです。これは第１章の「学習性無力感」でも述べました。

逆に、セルフコントロールを高めることは、将来に対する楽観的見方を引き出すことにつながります。これを「セルフコントロール行動療法」といいます。セルフコントロールを高めるためには、以下の３点が大切です。

- **自分のポジティブ（肯定的）な面に気づく**
- **他者のポジティブな面に気づく**
- **自分の努力で将来の結果を変えられることに気づく**

あらゆる側面を肯定的に捉え、将来は自分で変えることができると気づかせるには【ポジティブ･トーク】が一つの有効な手段となります。筆者の経験でも、強固な「認知の歪み」をもった子どもほど、自分のよさに気づいていないというケースが多々ありました。例えば、「勉強では一番」とか「宿題は一回も忘れたことがないほど真面目」といった素晴らしい特性をもっていたとしても、自分自身のよさにまったく気づいていないことに衝撃を受けたことがあります。

一人ひとりの長所を具体的に口にする

学校では、あらゆる学習活動が【ポジティブ・トーク】の材料になります。学級経営の視点に立つと、担任は学習活動の主導権を握っています。子どもの得手不得手はいろいろですが、さまざまな学習活動が網羅されていることにより、一人ひとりの長所を伸ばし、自信をつけさせることが可能です。そこで積極的に、子どもに気づかせるよう働きかけるのです。

A君、今日も掃除頑張ってくれたね。本当にピカピカだよ！！

うん、でも当たり前だよ

いや、A君は掃除の才能があるよ。汚れている場所をみつけてそこを徹底的にきれいにするという、粘り強さもある

じゃあ、明日もするよ。みんなの机も拭いてあげよう

自分自身の長所とともに、周囲の友達のよさに気づくようになると、【ポジティブ・トーク】はより効果的・具体的になります。

この前もB君が君のことをほめていたね。机がピカピカで驚いていたよ

B君はいつもほめてくれるな

そう、いいところに気づいたね。B君みたいになれるといいね

学校での認知行動療法が効果的なのは、このように学級経営の構造が、自分自身の長所に気づかせるという教育支援にうまく適応しているからなのです。

自分の長所を“見える化”する

失敗体験を重ねてきた子どもは、自分のことをほめるのが苦手です。まわりからはうまくいったと思える場面でも、「自分の実力が発揮された」と考えるよりは「たまたまうまくいった」と考える傾向にあります。原因帰属（成功や失敗の原因を正しく認識すること）が苦手なのです。そこで、子ども自身の努力が実った場合には、積極的に自分を評価する練習をしてください。

これには、自分の長所をカードに箇条書きするなどしておくとより効果的です。言語や図で“見える化”することで、自分の長所をよりはっきりと具体的に確認することができます。自分の努力が結果につながったり、自分の長所に気づいたりすることは、心理的にも良好な発達に直接的に影響します。

行動技法5

ほかの子どもの協力を引き出す

不適応行動を示していた子どもも、よい面をクラスの友達に認めてもらうことで、自信をもったり、クラスのみんなの役に立ちたいと思うようになったりします。

担任よりも友達に認めてもらう

学年が上がるにつれて、他者からの評価は子どもの自尊心に大きな影響を与えます。適応的な行動や、社会的に良好な姿勢がみられたら、担任だけでなく、クラスの友達にもほめてもらえるような場面を設定してください。場合によっては、担任がほめるより何倍も効果的です。

このような技法は、学級経営が得意な先生が多用しています。逆にいうと、学級が不安定な状態ではこのスキルを応用することはできません。そこが、学級での認知行動療法の応用の肝となります。不適応行動を多発させる子どもに担任が熱心に関わる場合、学級経営が安定している場合には「不公平だ」とか「特別扱いしている」と訴える子どもはいません。逆に不安定な学級経営のもとでは、すべてが空回りしてしまうことになりかねません。

さまざまな特性をもった友達と生活をともにすることは、学級全体の子どもの発達を豊かにします。【ほかの子どもの協力を引き出す】技法とは、子どもたち一人ひとりの良好な発達にも寄与する効果をもつのです。

協働的な学習活動を増やし、助け合うことの重要性を理解し合う

日本の学校では、すべての授業や清掃、行事などは学級単位でおこなわれています。このようなシステムでは、学級は一つの共同体として機能し、自然な仲間意識が生まれやすくなります。学級経営の上手な先生は、この特性を活かして、協働的な学習活動をふんだんに取り入れています。例えば、国語や算数での教え合い、社会での新聞づくりでの協働作業などです。役割をもつということは責任をもつということですし、協力するということは、言語的、非言語的コミュニケーションが必須となります。

「ありがとう」「すごいね」「頑張っているよ」「頑張ってね」という子ども同士の声かけは、インフォーマル（授業場面以外）のコミュニケーションを活発化させていきます。それは、不適応行動を多発させる子どもの易怒性や易刺激性を抑制する効果があります。

そうしたなかで、助けられてばかりいた子どもが、ほかの子どもに声をかけたり、勇気づけることができると感じられるようになると、一気に自信につながるようになるのです。

行動技法6

役割をもつ

学童期の発達課題は「自立・自律」といわれています。教室のなかで自分の役割をもつことで、自身の存在意義を実感できたり、人の役に立つことの充実感を味わったりすることができます。

役割をもたせて活躍させる場面を

子どもが役割をもち、責任をもって自らの仕事をやり遂げたときに、自立や自律が促されます。そのことを承認され（承認してほしい人に承認されることが重要）、ほめられることで、総合的な発達が促されます。つまり、セルフコントロールを高めたり、学習性無力感から回復したりすることができるのです。

この技法も、担任だからこそ効果が期待できるといえます。例えば、学校では教科学習から係活動や班活動、清掃活動など、さまざまな活動が構造的に、一日の学校生活のなかに組み込まれています。そのため、いろいろな活動のなかで、それぞれの子どもに役割をもたせ、活躍する場面を設定できるのです。

新たなものへの挑戦と達成感を

学習性無力感を有する子どもの特徴は、「新しいことに挑戦することへの過度の不安」とまとめることができます。失敗体験を蓄積しすぎたために、新しいことに挑戦することに対して過剰な不安をもっているのです。【役割をもつ】技法は、このような過剰な不安を低減させることに効果的です。こうして、子どもが新しいことに挑戦できるようになったら、学習性無力感から回復してきていると考えてよいでしょう。

「感謝される」「感謝する」ことで一体感が高まる

体育用具を準備する係だったり、毎日水やりをする係だったり、必要とされる役割はたくさんあります。可能であれば、友達に感謝される役割を分担したいものです。「ありがとう」は魔法の言葉です。ほめてほしい人（先生や友達）からほめてもらうという体験は、人を成長させます。また、「感謝される」「感謝する」を繰り返すことで、集団の一体感が高まり、全体として認知行動療法の効果を高めます。

行動技法7

成功時のフィードバック

「鉄は熱いうちに打て」といいます。子どもが適応的に行動できたとき、どこがよかったかを瞬時にフィードバックすると効果的であると同時に、適応的行動の汎化にもつながります。

成功したらすぐに認める言葉を

【聴くスキルを磨く】が定着してきたと感じたら、すかさずこの技法を活用してください。キーワードは“具体的であること”です。

例えば、「今、そのタイミングでうなずいていたのがよかったよ」「話す人のほうをみて、体の向きを変えていたね。それがいいんだよ」「『うん』とか『なるほど』といいながら、話が聞けていたね」といった感じです。

もちろん“聴く”以外の言動に対しても、積極的に【成功時のフィードバック】を実施して、適切な行動の定着を目指します。同様に、失敗時のフィードバックも重要です。何がよくなかったのかをタイミングよく指摘することで、本人の行動改善につなげることができます。一方で、しつこすぎたり、具体的でない形でのフィードバックは逆効果です。もちろん、先生と子どもとの十分な信頼関係がなければ、この技法の応用は難しいことはいうまでもありません。

先手を打つ

例えば、子どもが丁寧に掃除をしていたときに「○○君、いいね。隅々までぞうきんがけできているのが素晴らしいよ。あっちの隅もお願いするね」とか、友達とのトラブルがあってもカッとならずに話し合いをしようとしていたとき、「○○君、本当に我慢強くなったね。話の聞き方もいいよ。この調子だと、落ち着いて謝ることができそうだね」というのが成功時のフィードバックです。

上記の下線部分をみてください。先生が次の行動までを具体的に教えています。これが、「先手を打つ」なのです。

週に一回程度のセッション形式の認知行動療法では、このような治療形態は不可能です。学校では、先生というモデルがいるので、効果的な認知行動療法（特に行動スキルの獲得）が可能となるのです。

行動技法８

暴露療法

不適応行動を多発させる子どもたちの特性として、失敗経験のあるものを極端に拒否したり、回避したりする点が挙げられます。こららについては、少しずつ抵抗感を低減させていくのがポイントとなります。

行動を避けるのではなく現実的な対応を

人は誰でも苦手なものがあるし、苦手な人もいます。それらは決して欠点ではありません。一生苦手なものや苦手な人とつき合っていく必要はないのです。ただ、必要な場面では、苦手といえどもある程度接触できるようになっていると、むしろ適応的に生活できます。

例えば、ボール運動が苦手な子どもがいたとしましょう。体育でボール運動をするといっただけでパニックになってしまうほど深刻な状態だと仮定します。本人は、今後一切ボール運動をしないと主張したとしても、それが本当に実現できるかどうかは不明です。

これらは、思考パターンにあった【全か無かの思考】や【結論の飛躍】という「認知の歪み」が基盤に存在し、それが否定的な予測に発展したものと理解できます。この場合、ボール運動の授業のすべてに参加するという選択肢と、まったく参加しないという選択肢の間のどこかに着地点を見い出すのが合理的でしょう。おそらく、「ボールに触らなくてもいいから、その場にいるだけ」からはじまり、「ボールの楽しみ方を体験する」、「少しずつ活躍の場を増やす」、と順次に発展を目指すのが妥当ではないでしょうか。

徐々に慣れて不安を軽減させていく

【暴露療法】とは、いわば「嫌なものでも少しずつ慣れる」ということです。これはモノだけでなく、ヒトにも応用できます。大きな不安を抱えているままでは、いつも失敗に終わってしまいますから、少しずつ慣れさせて不安度を下げていくことが重要です。

但し、上の例でいえば「ボール運動に参加させる」こと自体が目的ではないことに留意してください。苦手なことでも、必要なときはなんとかつき合うことができるというセルフコントロールを高めることが目的なのです。

Column

〚子どもをしっかり受け止めよう②〛

●自分自身の指導方法の見直し

教室で子どもが不適応行動を頻発させたり、パニック行動を繰り返したりしたときに「自分の指導方法はあれでよかったのだろうか？」と自省したり反省したりすることは、担任としては通常の姿勢でしょう。そしてすべての問題が、子どももしくは先生のどちらか一方にあるということはあり得ません。

学校で子どもに認知行動療法を応用するということは、自分自身の指導方法を見直すことと同義です。本書は、理解してもらえるようにわかりやすく作成しましたが、いわゆるハウツーものではありません。それぞれの子どもに応じて、それぞれの場面で、効果的な技法や展開の仕方は変わってきます。子どもに対して、「認知の歪み」の気づきを促し、認知の修正や感情を理解させることが上手になってくると、先生ご自身の感情の調整や支援のタイミングも効果的になってくると思います。つまり、学校での認知行動療法の応用は、自分自身の指導方法の見直しにもつながってくるのです。

●リラックス

教室内で不適応行動を多発させている子どもが、周囲を気遣ってユーモアでみんなを笑わせてくれる、ということはありそうにないですね。学校生活のなかでそんな余裕はないでしょう。ユーモアは緊張をほぐし、不安を軽減させ、表情を和ませる効果があります。深刻な問題に直面しているときこそ、ユーモアのリラックス効果は抜群です。そして、子どもたちは先生のユーモアが大好きです。

決して相手をばかにしていると捉えられないように細心の注意を払いつつ、いくつかの技法でユーモアを有効活用することは可能です。例えば、【感情にラベリングする】や【感情に向き合う（失敗を理解する)】です。不快な感情だからこそ、少しコミカルに扱うほうがバランスがよいと思います。

第4章

ケースで学ぶ、認知行動療法

本章では、第3章で挙げた視点や技法を使って、3ステップで解決への道筋を示します。ケースを通じて具体的に学びましょう。

ケース別
思考パターン&技法の対応早見表

	case ① 100点にこだわりすぎる	case ② すぐに手や足が出てしまう
Step1　思考パターン		
1 全か無かの思考	●	●
2 一般化のしすぎ		
3 結論の飛躍		
4 心のフィルター		
5 マイナス化思考		
6 拡大解釈と過小評価		
7 感情的決めつけ		
8 すべき思考		
9 レッテル貼り		
10 個人化		
Step2　感情に働きかける		
感情技法1 複雑な感情に気づかせる	●	●
感情技法2 感情にラベリングする		
感情技法3 子どもの思考を裏づける証拠についての質問		
感情技法4 “感情→行動”のパターンを知る		
感情技法5 感情に向き合う（失敗を理解する）		
Step3　行動に働きかける		
行動技法1 聴くスキルを磨く		
行動技法2 誰（何）のせいか？		
行動技法3 選択の余地を検討する	●	●
行動技法4 ポジティブ・トーク	●	
行動技法5 ほかの子どもの協力を引き出す		
行動技法6 役割をもつ		
行動技法7 成功時のフィードバック		
行動技法8 暴露療法		●

さまざまな「認知の歪み」をもった八つのケースに適した、3 ステップの早見表です。
詳細は 78 ページからのケース事例を参照してください。

	case ③ 「いつも怒られる」「叱られてばっかり」と嘆く	case ④ 「いつも いじめられる」と訴える	case ⑤ 被害的になり、何でも人のせいにする	case ⑥ 友達の アドバイスを受け入れられない	case ⑦ 「僕はゴミ みたい」と 自らを卑下する	case ⑧ いつも 「あいつが悪い」と人を責める
	●	●				
	●					
				●		●
	●					
		●				
			●	●		●
			●			
					●	
					●	
		●		●		
						●
	●		●			
			●	●		
					●	
				●		
						●
			●	●		
		●				
		●				
	●					
			●		●	
						●

case 1 100点にこだわりすぎるA君

A君の成育歴

- とても成績がよい
- 100点以外は許せない
- 思い通りにならない結果に対して異常ないらだちを示す
- 体育、特にボール運動が苦手
- 自信のないことに対して極端に消極的

小学3年生のA君はテストが100点であることに異常なほどこだわります。それぞれの教科単元毎のテストはもちろん、毎日の漢字・計算テストでも100点以外の得点では納得できません。95点でクラストップだったとしても、テストを返してもらうとしょんぼりとしてしまいます。そして急に攻撃的になり、テストを破ってしまったり、近くの友達に八つ当たりして暴力を振るったりします。

体の動きがやや不器用で、特にボール運動を苦手としています。少しうまくいかないと大声で叫んだり、時には泣き出したりします。はじめてのことに対して緊張することが多く、「また失敗した」とか、「失敗するに決まっている！」とぼやくことがしばしばです。

先生の困りごと

- 95点でも十分よい点数なのに、納得できないとビリビリ破ってしまうことがある。よくできたねとほめても伝わっていない。どうしたら響くのか？
- 苦手なことをやらせようとしても絶対できないといって逃げてしまう。どうやって自信をもたせればよいのか？

Step 1 認知の歪みを理解する

<思考パターン>
● 全か無かの思考

全か無かの思考

A君のこだわりはテストでの「100点」にあります。クラスで1番ではないのです。発達障害のある子どもたちは強迫的なまでに何かにこだわることがあります。A君の100点へのこだわりは揺るぎようのないほど強固なものですが、一方で認知行動療法の技法はこのようなケースでこそ効果的なこともあります。まず、A君にとっての「100点」の意味を理解する必要があります。

- **100点と示されていることが快感である**
- **100点以外はすべて否定されていると感じている**
- **人との比較でなく、100点そのものが絶対的である**

A君は【全か無かの思考】(この場合は100点以外の得点は無意味という認知)をもっています。そして、そのことをA君は認知していません。先生をはじめ周囲の友達はその認知様式を奇妙に感じていても、A君にとっては至極当たり前のことなのであり、むしろほかの人が自分と同じ認知様式をもっていないことが不可解なのです(もちろんそこまで論理的に考えていないでしょうが)。

そこで担任は、A君が100点にこだわりがあり(認知の歪み)、100点以外の得点に怒りを覚え(否定的で複雑な感情)、攻撃性に繋がる(マイナス行動)ことを理解する必要があります。

この「認知の歪み→否定的な感情→マイナス行動」は認知行動療法理解の原点です。

修正ポイント

● **100点以外の得点に怒りを覚えて、否定的で複雑な感情を抱く。**

Step 2 感情に働きかける

＜思考パターン＞
- 全か無かの思考

×

- 複雑な感情に気づかせる

複雑な感情に気づかせる

会話例

A君、今日のテストで95点だったけど、思いっきり破いていたね

だって100点じゃなかったから

ほら、この前も100点じゃなくて、クシャクシャにして捨てようとしてたね

うん、そのとき叱られた

100点じゃないテストをみたときって、どんな気持ちなの？

なんていうか、頭に血が上って、カーッとなって、爆発しそうな感じ

なるほど。机を叩いたり、大声を出したりするときはいつもそうなんだね

そう、いつも泣きたくなる

悔しかったり、自分に腹が立ったり、悲しい気持ちかな

そう、いっぺんにいろいろわき上がってくるんだ

そういう気持ちをね、複雑な感情っていうんだよ。A君はそんな感情がわきそうなときって、大体わかるかな？　そのときにパニックになっちゃうんだよね？

そう、大体そうだと思う

ありがとう。よくわかったよ。今度その複雑な気持ちがわいてきそうになったら、先生に教えてくれるかな？または深呼吸するために教室から出て行ってもいいよ

A君の特有の「認知の歪み」が複雑で否定的な感情を生み出し、結果的に不適応な行動につながっていたのです。私たち大人は、子どもの不適応な行動をなんとか修正させようとしますが、働きかけるべきは、背景に存在する「認知の歪み」であり、そのとき引き起こされる否定的な感情です。

悪循環から抜け出すには、自分自身の「認知の歪み」のくせや、感情と行動のパターンに気づく必要があります。パターンを認識することで、対応策を練ることができるのです。

会話例のように、不適応行動が生じたときの複雑な感情を子どもから引き出し、言語化してあげることがポイントです。A君の『頭に血が上って、カッーとなって…』という感情をA君自身にも気づいてもらうとともに、担任も理解するのです。そのことによって、A君の苦しみや、どうしても不適応行動に至ってしまうプロセスを理解することができます。

複雑な感情が沸いてきたときに、真っ先に担任のところに助けを求めてくるようになると、担任もその表情や動揺に気づきやすくなります。そのとき、手をギュッと握ったり、深呼吸を促したりすると、不適応行動に発展しなくなることに気づくでしょう。

言語化すると、対峙する対象が明確になります。言語化することによって姿を現した複雑な感情に、どう対応したらよいかを、子どもと担任が一体となって考えましょう。この協働作業を通して、背景に存在する「認知の歪み」を発見していくのです。

修正ポイント

- 子どもがもっている複雑な感情を言語化します。複雑な気持ちが整理されたとき、子どもはすっきりとした顔をします。まさに共感してくれたと感じるのです。
- 複雑な感情がわき上がったときに、不適応行動が生じるというパターンを理解させます。このパターン（いわゆる悪循環）を断ち切るために、どのような代替案があるのかを、ともに探っていきます。

Step 3 行動に働きかける

＜思考パターン＞		＜感情に働きかける＞		＜行動に働きかける＞
●全か無かの思考	×	●複雑な感情に気づかせる	×	●選択の余地を検討する ●ポジティブ・トーク

選択の余地を検討する（認知の歪みのくせに気づかせる）

100点以外の得点をとったときは、事前にそっと知らせ、どういった行動をとったらよいかを示すことが重要です。「A君、前にやったテスト頑張ったね。100点ではないけれど、すごくよくできてたよ。よく勉強していたのがわかったよ。次の時間に返すけど、間違い直しをして、先生のところに持ってきてね。全部あってたら100点つけるからね」

このように、否定的な感情をもったときに、行動化させないような工夫が効果的であると考えられます。100点をとったときも、それ以外の得点のときも、事前に知らせる技法【選択の余地を検討する】が効果的です。「A君、頑張ったね！　間違いを直したところはすべて正解だったから100点になったよ」と声かけすると、すごく喜び、自信をもつでしょう。

こだわりをなくす、というよりは、こだわりやそれに伴う行動を「セルフコントロールする力」を伸ばすことに重点が置かれるべきです。

ポジティブ・トーク

自分のよいところに気づくのは意外に難しいことです。「認知の歪み」が存在する場合には、一層困難になります。先生がほめることも大切ですが、子ども自身が自分で自分をほめるスキルを獲得すると、自信をもちやすくなります。

失敗経験を蓄積した子どもは、新しいことに挑戦することに対して過剰な不安を抱く傾向があります（第1章　学習性無力感を参照）。A君はボール運動が苦手ですが、そうした場面でも積極的に自分で自分をほめる姿を見つけられるよう促していきます。小さなことでも努力したり成功したりしたことに対して、自分をほめることに慣れさせましょう。

会話例

先生

A君、間違い直しは全部正解だったよ

A君

最初は間違っていたけど

でも、パニックを起こさないで先生のところに直したテスト用紙を持ってきてくれたね

うん

目標は『パニックにならない』ことだから、大成功だね

そうかなあ

そうだよ。大、大成功。大進歩だね。直したところも正解だったし、今日僕は頑張った！っていってみよう

今日僕は頑張った！

じゃあ、次の目標を一緒に考えよう

改善されたポイント

●スキルを磨いて適応行動を増やす

否定的な“感情→行動”パターンから抜け出すことができたら、少しずつストレスのかかる状況でも、適応的行動がとれるようなスキルを磨きます。これはスキルなので、練習するごとに上手になります。

●自信をもつと他者の意見も耳に入ってくる

自分のよさに気づき、自信がもてるようになると、担任やほかの子どもたちからの賞賛を受け入れやすくなります。これもスキルですから、少しずつ上達させるイメージがよいでしょう。

Attention

小テストの活用で
ほめる機会を増やしていく

学校にはテストがあり、もちろんそれには点数がつきます。当然のことですが、点数がよければ気分がよいし、悪ければ自信をなくします。低得点が続けば、かなり自尊心が傷つけられるでしょう。しかし自尊心が低下するからといって、テストをなくしてしまうわけにはいきません。逆に、学校で定期的に実施されている（つまり構造化されている）テストを利用して、自信をつけさせることは可能です。

多くの先生は、実際に漢字テストや計算テストなどの小テストを活用し、実力をつけさせながらほめて、やる気をもたせる指導をされています。当たり前と思われるかもしれませんが、これこそが学校の構造化を活用しているのです。

すぐに効果が出るわけではないので、先生方は「この程度しかできなかった」と謙遜されるケースが多いのですが、そうではありません。テストに向けて準備したり、努力したりすることの蓄積が、セルフコントロールにつながります。高い得点をとれなくても「自分は頑張った」と子どもが思えるようになるのが、認知行動療法の技法の応用だと考えてください。

また、テストの点数と学力定着に関しては、多くの保護者の方が関心をもっています。つまり、問題を共有する絶好のネタなのです。発達障害のある子は、感情や行動において多様な問題を有していることが通例です。だからこそ、あれもこれもではなく、学習の問題をきっかけにして、共同歩調していく姿勢が望ましいと思います。

保護者対応への考え方①

A君の100点へのこだわりは、保護者が満点をとってほしいという強い期待が影響していたと考えられます。家庭訪問や連絡帳のやりとりでわかったことですが、1番をとるといっても、小学校では順位までは発表されないので、保護者としては、まずはすべてのテストで100点をとってほしいと強く期待し、A君にもそう伝えていたのです。

しかし、保護者との話し合いでは、A君の不適応行動の背景を理解していただくことに重点を置くべきです。なぜなら、A君のこだわりはもともともっていた固い思考様式が強く影響しており、保護者の期待が主な原因であるとは考えにくいからです。「学校ではこのように対応してますよ」とか、「こんな言葉かけをしたら、テストを破るようなことはしませんでした」という報告、つまり問題意識の共有が大切です。もし保護者から「私たちはどのように対応したらよいでしょうか」と質問されたら、担任の考えを伝えるようにすると信頼関係が強まるのではないでしょうか。

また、学校と家庭では困っていることが違うということが往々にしてあります。家庭で困っていることを上手に聞き出し、一緒に悩んだり、対応策を考えたり、失敗を共有することが子ども支援をするうえでは重要です。なぜなら、支援そのものが長期戦だからです。先生は教育のプロではあっても、一人の子どもを支援していくうえでは、保護者と同様、チームの一員です。A君が主役となり、保護者や担任が舞台のサポーターであるような関係が、もっとも望ましいのではないかと思います。

保護者にも構造化に協力してもらう

学校の構造化を活用することで子どもの状態が改善されたときは、なぜ状態がよくなったのかを分析し、保護者と情報を共有したいものです。担任自身の取り組みが功を奏した場合には、謙遜せずによい点を保護者に説明し、家庭でも真似してもらうことで、一層の効果が期待できます。例えば、パニックを起こさないことでほめてもらえたA君は、パニックを起こさない行動が定着しやすくなります。どのような場面でも、パニックを自分でコントロールできていることを見逃さずにほめてもらえ続けると（まさに構造化ですね)、パニックにならないことが普通の状態になります。

反対に「パニックにならないことが当たり前」という姿勢では、自分の感情や行動をコントロールすることが定着しにくくなります。このような説明のもと、家庭でも「少しでも自分の感情や行動をコントロールができた」場面があれば、積極的にほめてもらうようにします。どんな場面でも構造化されることで、A君にとって生活がしやすくなることは間違いありません。

case 2 すぐに手や足が出てしまうB君

B君の成育歴

- 何事も一生懸命
- 協力できる場面もあるが、友達とのトラブルも多い
- 反省はできるが、同じようなトラブルを繰り返す
- 勝負にこだわりすぎる面がある
- 瞬間的に怒りが爆発し、手や足が出る
- 興奮した場面になると、本人もすぐ興奮してしまう
- 社会科が得意

小学4年生のB君は、気に入らないことがあるとすぐに手が出てしまいます。例えばグループ活動で役割分担を決めるときに、意に沿わないことがあってイライラすると、近くの友達を叩いてしまいます。体育の時間のグループ毎のリレー競争では、1位になれなくてメンバーの一人を蹴ってしまいました。興奮しやすく、怒りを伴って暴力を振るうこともあれば、うれしいことや楽しいことがきっかけとなって手や足が出てしまうこともあります。注意すると納得し反省するのですが、すぐに同じ行動になってしまうのです。

先生の困りごと

- 気に入らないことがあると、我慢ができずに友達を叩いてしまうのはなぜか？
- 繰り返し同じ行動が出てしまうのはなぜだろう？

Step 1 認知の歪みを理解する

<思考パターン>
● 全か無かの思考

全か無かの思考

Ｂ君は暴力が悪いことだと理解し、そのことで叱られると納得し、反省しています。しかしながら数時間もたたないうちに、同じような状況で、手や足が出てしまうのです。このような行動は確かに理解に苦しみますし、指導する側もお手上げ状態になります。

Ｂ君にとって、否定的感情が惹起されたときの解決方法は「暴力しかない」ということが考えられます。感情→行動（暴力）が学習されている状況です。また、「うれしいことや楽しいことがきっかけとなって」とあることから、肯定的・否定的どちらの感情でもハイな状態になると、暴力行為に発展してしまうのでしょう。このような状態を「易刺激性」（ささいなことでも不機嫌になる）といいます。そして、マイナス行動（パニック行動）に発展することを「行動化」といいます。Ｂ君の行動化には、「易刺激性」が大いに関連しています。

そして、Ｂ君は１位以外は「無意味である」という風に認知していることがわかります。このような認識を【全か無かの思考】といいます。発達が気になる子どもには、このような認識をもってしまう子どもが少なくありません。先生をはじめ、周囲の人たちはその「思考パターン」を奇妙に感じていても、Ｂ君にとっては「至極当たり前」のことであり、むしろ「ほかの人が自分と同じ認知様式をもっていないことが不可解」なのです。

「認知の歪み」が否定的な感情を生み、マイナス行動へとつながっていきます。担任は、Ｂ君がこだわりがあり（「認知の歪み」）、１位以外の結果に怒りを覚え（否定的な感情）、攻撃的行動に繋がる（マイナス行動）ことを理解する必要があります。

そして、担任としては、Ｂ君が似たようなこだわり（【全か無かの思考】）をほかにももっていないかを確認する必要があります。もしあったとしたら（例えばいつも配布物は一番最初にもらわないと気が済まないなど）、もっとも学校生活に影響を与えているこだわりに注目するのがよいでしょう。なぜなら、もっともこだわりのあることに働きかけたほうが効果があるからです。

修正ポイント

- 競争では１位が絶対的であり、それ以外は否定的な感情を抱いている。
- １位以外は「無意味である」というこだわりがある。

Step 2 感情に働きかける

<思考パターン>	×	<感情に働きかける>
●全か無かの思考		●複雑な感情に気づかせる

複雑な感情に気づかせる

ささいなことでも暴力を振るう行動に発展してしまうというＢ君の行動特性は、「認知の歪み」がきっかけとなっていると考えられます。さらに、Ｂ君の強い「易刺激性」が行動を悪化させているといえるでしょう。

ここで、不適応な行動に発展する際の自分の感情に気づかせる必要があります。ある刺激から、暴力行為などを含むパニック行動に至るとき、ほとんどの場合はパターン化しています。よって、そのときの独特の感情に目を向けるのです。私たちはそれを“複雑な感情”と呼んでいます。

会話例

今日の体育のリレーで、また△△さんを蹴っちゃったね。どうして△△さんを蹴ったの？

１位じゃなくて、カッとしてしまったんだ。そのとき△△さんが、次は頑張ろうっていったんだ

励ましてくれているのに、どうして蹴ってしまったのかな？

わからない！　でも急にカーッとなって、気がついたら蹴ってた

そうか。多分リレーで負けて、もう頭が真っ白になっていたのかな

多分そう。あとで△△さんが励ましてくれてたんだってわかったんだけど

その時の気持ちを思い出してみようね。リレーで負けて悔しかったよね。また、負けたという怒りもあったでしょう。ほかには？

もうこれでリレーは絶対したくないって思った。そして負けた僕のチームをみんながばかにしているって感じた

つまりね（紙にわかりやすく書きながら）、怒り、くやしさ、絶望、恥ずかしさ、だね。もうこんな気持ちがぐちゃぐちゃになって、頭が爆発しそうになったんだね。だから△△さんが声をかけてくれたのに、うるさい！　って思ったのかな？

先生、本当にそうだと思う

B 君、まずはしっかり△△さんに謝ろうね。そして、これを“複雑な気持ち”って名付けよう。つまり、複雑な気持ちがわき上がってきたとき、B 君はもう人の話が聞けなくなってしまうんだよ‼

そうかもしれない

これは大発見だよ！　つまり、複雑な気持ちになったから暴力を振るうんじゃなくて、その時に『ばかにされた』って勝手に感じてしまうから、手や足が出るんだね

本当だ。いつもそうかもしれない

その時、本当にみんなは B 君のことをばかにしているのかな？

しているときもあるよ

残念でした。先生はずっと B 君やみんなのことを観察していて、そんなことは一度もなかったよ

本当？　でもいつもばかにされている‼

B君のくやしい気持ちはわかるけど、△△さんのように、君にやさしく声をかけてくれる子はたくさんいるよ。それはわかるね。

よし、次に“複雑な気持ち”がわき上がってきたとき、『みんながばかにしているわけじゃない』と考えられる練習をしよう

修正ポイント

- 自分の感情に気づき、向き合うときには、会話を具体的に書いてみたり、イラストにしてみたりすると効果的です。感情の背景にある、極端な思い込みに気づきやすくなります。
- こちらの考えを押しつけるのではなく、あくまでも対話で気づかせるようにしましょう。何かあったとき（記憶や感情が鮮明なとき）に、“即時対応”するのがポイントです（もちろん、十分に落ち着かせてからです）。

Step 3 行動に働きかける

＜思考パターン＞		＜感情に働きかける＞		＜行動に働きかける＞
● 全か無かの思考	×	● 複雑な感情に気づかせる	×	● 選択の余地を検討する ● 暴露療法

選択の余地を検討する

これは、否定的な感情をもったときに、マイナス行動を常態化させない技法です（66ページ）。B君は自分が1位でないことが許せず、得意な場面で活躍できないことに強烈な不満を感じています。否定的な感情が生まれたときには、即座にそっと知らせ、落ち着ける状況をつくり、どういった行動をとったらよいかを具体的に示すことが重要です。そのためにも、先生はB君の認知パターンや行動パターンを熟知しておく必要があります。学校でのさまざまな活動のなかで不適応行動やパニック行動が頻発する場面には、ある程度のパターンがあるはずです。

会話例

B君、どうしたの。またイライラしてきたのかな

そう、せっかく新聞づくりを頑張ろうと思っていたのに、みんなが邪魔するんだ

B君は社会が得意だから、もっと頑張りたいんだね。同じ班の○さんは、どう調べたらいいのかわからなくて困っているよ。先にB君が自分の役割分を仕上げてから、○さんのお手伝いをするといいんじゃないかな

どう手伝ったらいいの？

B君の持っている資料を見せてあげたらいいよ。そして君がまとめたものを参考にしてもらったらいいんじゃないかな。どう、落ち着いてできるかな？

うん、やってみる！

例えば、社会科の新聞づくりでの役割分担を子ども同士で決める場面がありました。B君は知識が豊富でたくさん関わりたかったのですが、限定された部分しか任されませんでした。こうした場合、B君は自分の意図が伝わらずに自分の得意分野を活かすことができなかったことに腹を立てて、相手に悪態をついてしまうことでしか、対応できなかったのです。こういったことが続くことで、B君はさらにイライラしやすい状態へと悪化していきました。

担任はパターンを認識し、先回りする必要があります。そして、すかさず【選択の余地を検討する】技法を使うと効果的です。上記の会話例のように、具体的な行動を教示することで、選択の余地が生まれます。適応的な行動への変容のためには、このように望ましい行動をいくつか提示し、子どもに選択させるのです。自分ができそうな行動に取り組ませることで、成功する確率も高くなります。

暴露療法

これは、73ページで解説したように、その人にとってのストレス要因になる出来事をあえて排除せず、それによって引き起こされるネガティブな感情に慣れさせるという技法です。「回避」といって、ネガティブな出来事を避けることによってパニック行動を生じさせないという方法もありますが、ネガティブな感情を避けたり拒否したりすると、症状を回復させることは難しくなってしまいます。

本ケースでは、B君に“1位でない”とか、“自分が中心でない”場面を経験してもらいます。B君のように勝負事にこだわるタイプでは、1位になったときはすごく機嫌がよい反面、そうでない結果のときには一気に感情が爆発してしまいます。

そこで、できるだけ得意な場面で2位とか3位である（1位でない）ことを受け入れる場面を設定します。そして、苦手な場面で自分が上位になれないときでも、適応的な行動がとれるように発展させていくのです。

改善されたポイント

●折り合いをつけながら行動できるようになる

ネガティブな感情になる場面に少しずつ慣れさせていきます。そして、担任から提示された望ましい行動パターンを受け入れ、自分がやりたいことと折り合いをつけながら行動できるようになります。

Attention

競争場面よりも協働場面で喜びを感じられるように

気をつけたいことは、いきなり【暴露療法】を用いないことです。「認知の歪み」に対する担任の十分な理解があり、否定的な感情をもってもマイナス行動につなげない試みがあってはじめて、【暴露療法】が成功することに留意してください。

授業ではテストがあり、体育では試合や競走があります。学校では意図せずとも順位がつくことがよくあります。子どもたちは基本的に競争場面が好きなので、運動会でも得点が入ると大いに盛り上がります。適度な競争環境は、子どものやる気を引き出すといえるでしょう。

一方で、発達に何らかの困難性をもつ子どもは、過剰に勝ち負けや競争にこだわる傾向があります。この場合、競争場面がむしろやる気をそいでしまったり、感情爆発につながったりします。そのような子どもたちには、競争場面よりも協働場面を多く設定することが重要です。人に勝つことよりも、助け合ったり協力したりすることで喜びを感じられるようにするのです。学校における教育活動は高度に構造化されています。よって、さまざまな学習場面で協働活動を取り入れることが可能なのです。

case 3 「いつも怒られる」「叱られてばっかり」と嘆くC君

C君の成育歴

- まじめで、進んでみんなの手伝いをする
- 成績はよい
- 宿題をよく忘れる
- 友達とけんかをよくする
- けんかになると手や足も出る
- 感情の振れ幅が大きい

小学5年生のC君はまじめで積極的な面もみられますが、短気でせっかちなところがあり、そこが友達とのトラブルの原因になりがちです。友達が配布物を配ってくれたのですが、自分の分がたまたま最後だったので、大声で催促していました。担任が注意すると、「いつも僕ばっかり怒られる」とまた大声でどなり、机を叩き出しました。落ち着くように促しても、なかなか興奮は収まりません。

また、先日は掃除の役割分担で友達ともめていました。担任が「どうしてけんかになっているの」と訪ねると、「いつも僕ばっかりが叱られている！」と激高し、「なんでいつも僕ばっかり悪いんだよ！」と泣き出したこともありました。このような傾向は一層強まってきている様子です。そして、本当に悪いことをしたときに叱っても、なかなか反省してくれません。

先生の困りごと

- それほど強く叱ったわけではないのに、これほど感情を高ぶらせて反応するのはなぜだろう？　自分の指導が悪いのだろうか？
- ほめているときもたくさんあるのに、なぜ「いつも叱られてばかり」というのだろうか？　自分の指導方法が悪いからなのだろうか？

Step 1 認知の歪みを理解する

<思考パターン>
- マイナス化思考
- 一般化のしすぎ＋結論の飛躍

マイナス化思考

担任が困りごとの一つとして挙げているように、C君はなぜちょっと叱っただけで泣いてしまうほど強い反応を示すのでしょうか？　背景にあるC君の「認知の歪み」を紐解いてみましょう。

C君の「認知の歪み」は、【マイナス化思考】の原因となる「自動思考」から紐解くと理解できます。(45ページ)。「自動思考」とは、何らかのストレスがかかる出来事があったときに、不快な感情とともにパッと頭に浮かんでくる考えやイメージであると解説しました。この「自動思考」がネガティブなほうに偏っていると嫌な気持ちとなり、行動や体に影響を与えます。この事例でいうと、C君は担任から注意や叱責を受けると、自動的に不快な感情【マイナス化思考】が生じ、そのため衝動的で感情的な行動へと発展している状態といえるでしょう。こうした「認知の歪み」をもっていると、担任としてはそれほど強く叱っていないと思っていても、受けとる側はだめな面ばかりを強調されていると思い込み、その結果、不快な情動がより強化されるという悪循環を引き起こしています。

一般化のしすぎ＋結論の飛躍

担任のもう一つの困りごととして、いつも叱っているわけではなく、むしろほめているときのほうが多いのに、なぜC君は被害者的な反応を示すのだろうか？　と理解に苦しんでいます。このときのC君の認知を理解するには、【一般化のしすぎ】と【結論の飛躍】を思い出してください。

この二つはセットで起こりやすいのが特徴です。【一般化のしすぎ】とは、たった一つよくないことがあると、それが何度も何度も繰り返し起こるように感じてしまう傾向だと説明しました。それに【結論の飛躍】が加わって、否定的な将来を予測して、C君の頭のなかは「自分は何をやってもうまくいかない。いつも自分が悪者になり、先生に叱られる。これからもずっとこうやって怒られ続けるのだろう」といった否定的な考えが渦巻いているのです。

一見あまりに極端で非合理的ですが、C君は本当にそう考えているのです。担任としてはＣ君の考え（固い信念）を不合理に感じると思いますが、Ｃ君はこのように強烈な悪循環のなかで苦しんでいることを理解しなければなりません。

これが「子どもの認知の歪みを紐解く」ということなのです。行動改善を促す前に、子どもの独特の認知を理解する。これが認知行動療法の基本です。「認知の歪み」を理解すると、Ｃ君に生じている問題が理解でき、修正すべきポイントがみえてくると思います。

修正ポイント

- **自動思考がマイナスに働くためにいつも不機嫌となり、それが不適応行動の悪化を招いている。**
- **Ｃ君は叱られるということだけに注目し、被害者意識をもってしまっているため、本当の問題点を無視してしまっている（行動改善につながらない）。**

Step 2 感情に働きかける

＜思考パターン＞
- **マイナス化思考**
- **一般化のしすぎ＋結論の飛躍**

＜感情に働きかける＞
- **子どもの思考を裏づける証拠についての質問**

子どもの思考を裏づける証拠についての質問

担任としてはすぐにでも不適応行動の改善を求めたいところですが、その前にＣ君とじっくり話をして、「認知の歪み」の存在に気づいてもらう必要があります。そこで、対話形式で【子どもの思考を裏づける証拠についての質問】を使って、Ｃ君が不合理に否定的な感情を抱いていることに気づけるよう促していきます。

会話例

先生

いつもＣ君だけが叱られているのかな？

そう、何があっても僕だけが怒られている

この前のけんかはＤ君がきっかけだったから、Ｄ君があなたに謝ったよね。Ｃ君はすぐに許してくれたから、先生はすごくほめたよね

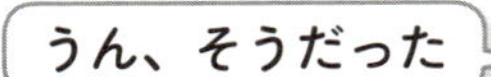

じゃあ、いつも叱られているわけじゃないね。この前Ｃ君が掃除で頑張ったときは、ずいぶんみんなに感謝されたよ

まあ、そう……かな

叱られるとどんな感じかな？

カーッとして、頭に血が上ってきて、あごをギリギリさせる感じ

じゃあ、そのときはいつも友達とトラブルになるから、その気持ちになったら、急いで先生のところに来てね。いないときは、大きく深呼吸するといいよ

修正ポイント

- 周囲からみると合理性のない思考だったとしても、それは驚くほど固い信念であることがあります。ですから、余計に周囲に理解されにくいのです。Ｃ君は「もしかしたら僕の思い過ごしかもしれない」とはまったく考えていません。そこで担任から「思い込み」(多くの場合正確ではない）について気づかせるきっかけをつくるのです。それが【思考を裏づける証拠についての質問】です。自分の固い信念は、根拠がない「思い込み」かもしれない、と気づくことで、否定的な感情が引き起こされないことを目指します。

Step 3 行動に働きかける

<思考パターン>
- マイナス化思考
- 一般化のしすぎ＋結論の飛躍

<感情に働きかける>
- 子どもの思考を裏づける証拠についての質問

<行動に働きかける>
- 役割をもつ

役割をもつ

これは、【役割をもつ】ことで自身の存在意義を確かめ、自尊感情を高める技法です。強い否定的感情をもつ子どもは、自分自身のよい点に気づいていません。そこで、自分の得意なこと（できれば奉仕的な作業）をすることで、周囲に認めてもらい、自分自身をほめることができるようになることを目指すのです。

C君はとてもまじめで、掃除や係活動などは積極的に取り組みます。教室掃除のときは、全員の机をきれいに磨き上げ、クラスメイトにとても感謝されたこともあります。担任にほめられてからは、まるで水を得た魚のように、生き生きと机の水拭きに励んでいます。そこで、C君は清掃の役割分担として机の水拭きを担当しました。クラスメイトからの「ありがとう」や先生からの「すごいね！」という賛辞は、C君の意欲をさらに高めます。役割をもつことによって、C君の行動に以下のような変容をもたらすことができます。

改善されたポイント

● C君は自分のよい点に気づき、自分をほめることができるようになる

「熱心に掃除に取り組むこと」「みんなのために気持ちよく働くこと」は、素晴らしい行動であり、社会適応において重要な資質であることは間違いありません。しかしながら、C君は、「別にこんなことできて当たり前」と考えており、自分の長所だと気づいていないのです。よって、みんながC君をみて「よく頑張っているな」と感じていても、肝心のC君は、「よく頑張ったな」と肯定的な評価ができていないのです。

このように、「認知の歪み」のある子どもたちの特性として、否定的感情が増幅されやすく、肯定的感情は減弱されやすい、ということを理解しましょう。

クラスメイトや担任に同じことを同じ場面でほめられることで、C君は少しずつ自分のよい点を認識できるようになります。ほめることはとても大切な作業です。担任がC君に得意な分野を活かした作業をさせることで周囲からほめられ、彼は少しずつ自信をつけていきました。

Attention

説得するのではなく、あくまで「聴く」を基本に

子どもの「認知の歪み」や否定的感情が明瞭だったとしても、それらを説得して修正させることは有効ではありません。日常生活で実際に起こった出来事を通して、少しずつ歪みに気づいてもらうという姿勢が重要です。つまり、先生が一方的に伝えるのではなく、子どもの訴えや考えを聴くことに中心を置くべきです。子どもがもっている苦しみや不満を十二分に聴取し、受け止めてこそ信頼関係が構築され、スタート地点に立つことができます。そして、子どもが聴く耳をもってくれた段階で、すべての技法が活かされるのです。

つまり、先生は「聴く」スペシャリストであることが要求されます。先生の「聴く」姿勢をモデルにして、子どもも「聴く」ことができる（自分の考えを修正する）ようになるのです。

クラスのなかで良好な絆をつくる

クラスメイトとのトラブルは、悪循環の連鎖を強めますが、逆に周囲との良好な絆が形成されると、悪循環のサイクルが壊れます。簡単なようでここが一番難しい作業です。当然ながら、もがき苦しんでいる子どもが戦略的に悪循環を断ち切ることは容易ではありません。そこで、一番近くにいる担任が、肯定的感情が生まれる場面を意図的に増やしていくのです。対人的な肯定的感情場面が増加すると、反対の否定的感情は減弱されます。

「認知の歪み」から否定的な感情が生まれることはすでに述べましたが、その逆のことが起こります。担任は、望ましい行動を増やしながら、【思考を裏づける証拠についての質問】での対話を継続しつつ、「思い込み」に気づかせます。そうして否定的感情をコントロールし、適切な行動の定着を目指します。

学校の構造化活用の視点

学校には、係活動や清掃活動をはじめ、委員会活動や行事での役割分担が豊富に存在します。朝から下校時まで、それらの活動は網の目のように配置され、特にクラスメイトや他学年の児童らと協調して取り組むように

配慮されています。小学校でも中学校でも、このような活動を通して自分の役割をもち、自分自身のよさを発見したり、社会性の基盤を形成したりするのです。

つまり、【役割をもつ】は学校が高度に構造化されているからこそ活用できる技法だといえます。もし、病院の診療室での認知行動療法であれば【役割をもつ】の応用は相当難しいでしょう。逆にいうと、子どもに対する認知行動療法を展開するためには、【役割をもつ】活動をさらに積極的に活用するのが望ましいといえます。

例を挙げれば、生き物が好きな子どもであれば「生き物の飼育」、体育が大好きな子どもであれば「運動用具の準備」なども【役割をもつ】の応用につながります。重要なことは、ほめられる機会を意識的に設定すること、子ども自身に自分のよさを気づかせることです。役割をもち、ほめられることで子どもは成長します。それがセルフコントロールの力につながるのです。

保護者対応への考え方②

子どもの指導でもっとも大事なことの一つが、「一貫性があること」です。「認知の歪み」のある子どもに対する指導では、このことは特に重要ですし、実際にＡＳＤ児やＡＤＨＤ児の治療的介入では、「構造的であること」「指導に一貫性があること」が必要不可欠であることがわかっています。

そこで学校でも、家庭でも同じように取り組むことが望ましいでしょう。この点で、学校と家庭との連携はごく簡単です。学校で頑張っていることを、家庭でも取り組んでもらえばよいのです。このケースでいえば、食後にテーブルを丁寧に拭くことや、もう少し発展させて食器洗いのお手伝いをすることがよいでしょう。家でも学校でも、同じことに取り組み、同じようにほめてもらうことができれば、格段に学習効果が上がるはずです。役割を分担し、互いに協力することで、家族関係がより良好になる効果も期待できます。

家庭との協力については、事前に担任から丁寧な説明が必要です。「Ｃ君はこんなことを頑張っていて、すごく自信をもってくれています。友達との関係もよくなってきました。そこで、家庭でも同様のことに取り組んでもらえるでしょうか。決して上手くできることが目標ではなく、毎日継続することに価値があります。継続できたらその都度ほめてあげてください」。このように保護者に具体的に説明すると、協力が得やすいでしょう。

case 4 「いつもいじめられる」と訴えるDさん

Dさんの成育歴

- 学習面では真面目で進んで取り組む
- 運動が苦手でチームでの競技を嫌う
- その時の激励や声かけでも「いじめられた」と落ち込む
- 「またいじめられた」「仲間はずれにされた」と訴えることが多い
- 家でも「学校が楽しくない」と話すことがあり、保護者との連携がとりにくい

小学４年生のＤさんは運動が苦手で、特にボールを扱うチーム競技を嫌います。例えば､体育のサッカーでは自分の役割が理解できず、さらにうまくボールを蹴ることができないので、同チームの男子からややきつい激励を受けていました。それに対してとても落ち込み、「いつもいじめられる」と担任に訴えてきます。

ほかにも女子同士で、少し意見が異なると、「またいじめられた」「仲間はずれにされた」と、悲痛な表情で訴えてきます。担任からみると、クラスメイトがＤさんをいじめているようにはみえませんし、むしろ周囲が上手にＤさんを受け入れているようにすら感じます。また、Ｄさんがみんなと楽しそうに活動する場面もよくみられます。

家でも「いじめられた」「仲間はずれにされた」「学校が楽しくない」と両親に話すので、たびたび学校に電話がかかってきます。保護者と何度か話し合いをもちましたが、なかなかうまくいきません。

先生の困りごと

- いじめられていないのに、「いじめられている」と訴えてくるのはなぜだろう？
- 友達とのトラブルはあるにせよ、「仲間はずれ」にされているわけではない。楽しそうに学校生活を送っているようにみえる。それなのに、なぜDさんは学校が楽しくないというのだろうか？
- このような状況をどのように保護者に理解してもらえればよいのだろう？

Step 1 認知の歪みを理解する

<思考パターン>
- 一般化のしすぎ
- 拡大解釈と過小評価

一般化のしすぎ

Dさんの「認知の歪み」は、極端な【一般化のしすぎ】と【拡大解釈と過小評価】であると考えられます。よくないことがあると、それが何度も繰り返し起こるように感じてしまいます。そうすると、柔軟でバランスのよい行動を選択することができなくなります。これが繰り返されると、極端に悪いことばかり考えてしまったり、悪いところを大げさに捉えすぎてしまったりするのです。

しかし、これはDさんの責任というわけではありません。このような「認知の歪み」が形成されるまでには、実際に友人とのトラブルがあったり、仲間からはずされたりした経験があったに違いありません。そのことをDさんは友人からの「いじめ」と認識するようになったのでしょう。このような経験が蓄積することにより、Dさんの極端な「認知の歪み」が形成された可能性があります。この点を十分踏まえたうえで、Dさんの困り感を分析すると、以下3点に集約されます。

- **うまくできないことは仕方がないのに、いつも自分が悪者にされる**
- **いじめられたと感じたときは、とても落ち込んで何も考えられなくなる**
- **そのことを担任にいっても、わかってもらえている感じがしない**

拡大解釈と過小評価

日常生活でのごく普通の会話をしていても、「またいじめられた」と頻繁に訴えてくるDさんは、明らかに否定的に物事を拡大解釈しています。過去に似たようなことがベースにあったため、今回も、そして将来もいじめられるに違いない、という固い信念が根底に存在するのです。

どんな辛いことがあったのか、そのときにどんな感情がわき上がったのか、担任はDさんと一緒に共感しつつ話し合いを進める必要があります。そしてどこが極端な考えなのか、どのような感情がわき上がったら危険なのかを、いわば協働作業で整理していくのです。

Dさんの言動に対して、担任は理解に苦しんでいますが、一方でDさんも、担任の対応についてどう理解していいか、またどうしたらわかってもらえるのかを、悩んでいるのです。このような状況で、子ども側に行動変容を求めることは禁忌です。まずは担任のほうから子どもの悩みや要望を聞き出し、子どもの独特の認知を理解します。これが認知行動療法の基本です。

修正ポイント

- 実際の辛かった経験は共感的に受け取りつつ、友達から肯定的に関わってもらったときには即時にフィードバックします。
- Dさんの相談相手は担任であることを自覚します。何でも話せる関係のなかで、現実的でない否定的な受け取り方の修正を図ります。

Step 2 感情に働きかける

＜思考パターン＞
- 一般化のしすぎ
- 拡大解釈と過小評価

＜感情に働きかける＞
- 複雑な感情に気づかせる

複雑な感情に気づかせる

担任としては、Dさんからの訴えは、話し合いをするうえでのチャンスです。この機会を捉えて、Dさんに共感的に傾聴しつつ、「認知の歪み」について気づかせていくのです。

会話例

先生、またサッカーのときに男子から怒られたよ。仲間はずれにされた。もうサッカーしたくないよ

そう、大変だったけど、一生懸命ボールを追いかけていたね。頑張っていたよ。チームのみんなになんていわれたのかな？

○君に、こっちに来るな！　っていわれた！

それは辛かったね。でもね、先生もそのときにみていたけど、そのあとに○君は『そこでボール持ってて！』っていってたよ

えっ、そうだった？

前も一緒に話したけど、友達に大声で叫ばれると、怒られたと思っちゃうんだよね。今回もそうだったでしょ？　だからそのあとすごく辛そうだったよね

そう。またいじめられたと思ったの

そのときは、どんな気持ちだったかな？

いつもみたいに、ガクーンときて、もうサッカーは絶対にやらない、っていう感じ

落ち着いて考えると、○君はＤさんを励ましてくれていたと先生は思うよ。でも大きな声を出されたから、そう思えなかったんだね

だって、ガクーンときたから……

もし、次も同じ気持ちになったときに、先生に教えてね。次はどうしたらいいか、そのとき一緒に考えようよ

修正ポイント

- 対話を通して、思い込みや誤解などに気づいてもらうようにします。友達の行動を悪意のあるものと思い込んでいた場合でも、少し見方を変えれば、肯定的なものだったかもしれないと気づくだけでもよいのです。重要なことは、Ｄさんの場合「ガクーン」となるときのパターンを理解してもらうことです。否定的な思い込みから、否定的な感情（屈辱感や悲しみ、怒りや絶望などの複雑な感情）が生まれます。そのために、Ｄさんはバランスのよい行動がとれないのです。そのパターンに気づくことで、悪循環から脱出するヒントが得られるはずです。そして、実際の学校生活のなかで、悪循環から脱出する練習を重ねるのです。このように、Ｄさんと先生は信頼関係を構築しながら、認知の修正を図っていきます。

Step 3 行動に働きかける

＜思考パターン＞
- 一般化のしすぎ
- 拡大解釈と過小評価

- 複雑な感情に気づかせる

×

＜行動に働きかける＞
- ポジティブ・トーク
- ほかの子どもの協力を引き出す

ポジティブ・トーク

否定的で悲観的な思考が繰り返され、悪化すると、ことごとく破局的な見方をするようになります。「サッカーでこんなミスをする自分は、体育の授業は参加しないほうがよい」とか、「いつもクラスメイトに悪口をいわれる自分は、一生友達なんかできない」といった例が挙げられます。

筆者は、発達障害児の教育相談で、多くの子どもたちが「こんなの頑張ってもできるわけない」とか「いつもいじめられている」という言葉を発しているのをよく経験しました。これらの子どもたちも破局的見方が定着しており、最悪の結果を予想している点が共通していました。

【ポジティブ・トーク】では、対話を進めていくなかで、「実際に最悪の結果が起こっているわけではない」ことに気づいてもらいます。そして「サッカーは楽しくなかったけど、プールでの水泳は本当に楽しそうだったし、頑張って泳いでいたこと」や「お楽しみ会ではみんなと協力して盛り上げてくれていたこと」などを理解してもらうようにします。

その際、担任は具体例を挙げて話すことが大切です。「学校で楽しかったことは？」という質問で、子ども自身に思い出してもらうことも有効です。そのうえで、楽しかったときの感情と、否定的な場面での感情を比べるのです。

実際、否定的場面での感情と破局的見方は連動していることが通例です。Dさん自身が破局的見方を緩和することで、バランスのよい行動がとれる可能性が高まります。

会話例

今日のお楽しみ会では頑張って司会をしてくれたね。ありがとう。楽しかったね

でもみんなちゃんと聞いていなかった。楽しくなかった

この前のサッカーのときと比べるとどうかな？

そりゃ、サッカーのときよりすごく楽しい

Dさん、数日前には学校は全然楽しくないとか、いじめられているとかいってたね。やっぱりそうかな？ 落ち着いて考えると、楽しいときもあるよね！

今度ね、辛いことがあったときには、『それでも学校で楽しいこともある!!』って考えてみようよ。そしてね、嫌なことがあっても最悪なことにはならないよ。例えば、一日中サッカーの時間になってしまうとか、全試合大負けしちゃうとかはあり得ないよね

そりゃ、そうだけど。でもそのときはガクーンときて、そう思っちゃうよ

その通りだね。そのときは先生に『ガクーンがきた！』って教えてね。一緒に深呼吸して、Dさんが頑張ったときのことや、楽しかったときのお話をしよう

ほかの子どもの協力を引き出す

日本には学級経営が得意な先生がたくさんいらっしゃいます。まさに職人芸のように、クラス全体の絆を強め、共同体意識を形成し、集団の力を高めています。このようなクラスでは、お互いの失敗を認め合ったり、友達の頑張りを賞賛しあったりできます。Dさんに必要なのは、そのような良好な影響力をもった学級集団です。先生と協働作業で認知の修正や行動面の改善を図ったとしても、学級集団での成功がなければ定着は難しいのです。つまり、学級での生活があってはじめて、認知の修正と行動面の改善の汎化が可能となるのです。

実際、多くの場面でDさんは新たなことにチャレンジし、友達に認められ、極端な否定的見方にとらわれることが少しずつ少なくなりました。当然ながら友達との小さなトラブルや、苦手な学習での落ち込みは存在しますが、「ガクーンがきた」ときには、自ら訴えて深呼吸をしに、別室に向かいます。これはまさにセルフコントロール力がついてきた証です。

Dさんはね、失敗するとすごく落ち込んでしまうことが多いから、先生と一緒に落ち込まない練習をしているんだよ。最近よく二人で話をしているでしょう

本当だね。そうだったんだ

次の体育ではね、うまくいかなくてもミスしてもボールを追っかけよう！　っていう約束をしたんだよ。Dさんが頑張っていたら、みんなも応援して、ほめてくれるかな？

オッケー!!　Dさん、やってみよー！

改善されたポイント

●これまでと違う受け取り方の練習（認知の再構成）ができる

同じことでも、受け取り方によって現実は180度変わってきます。例えば
「大声で叱られた」→「大丈夫だよって声をかけてもらった」
「肩を小突かれた」→「上手だったねと肩をタッチしてもらえた」
これまでの否定的で現実的でない受け取り方（認知）を合理的でバランスのよい受け取り方にしていくことを、「認知の再構成」といいます。実際の学校の生活場面でこの練習をします。これはスキルなので練習をすればうまくなります。

●まわりの子どもの協力を引き出す

Dさんと担任が対話を通して望ましい行動をとっていく過程を、学級の子どもたちに意識的にみてもらうことも有効です。例えば、不適応行動に発展しそうなときは、
Dさん「先生、ガクーンってなりそうだから、教室の外で深呼吸してくる！」
担任「いいよ。いってらっしゃい」
という会話を聴いてもらうのです。Dさんと担任が対話を通して望ましい行動をとっていく過程を、学級の子どもたちにも意識的にみてもらうことが有効です。
Dさんと担任が協働して問題解決しているところをみて、子どもたちからも「Dさん、頑張ったね。全然大丈夫だね」という励ましが自然と生じるとき、Dさんのみならず、子どもたち全体が問題解決能力を高めているといえます。もしDさんがガクーンとなりそうなとき、子どもたちが「Dさん、廊下で深呼吸してきたら⁉」という助言をしてくれたなら、それは子どもたち全体も担任をモデルにしているという証拠です。

Attention

完璧な行動改善を求めず ほどほどに安定すればOK

担任としては、学級の子どもたち全員が学習に積極的で、仲間にやさしく、規律のある生活を送ってほしいと願っています。しかし、発達に問題を抱える子どもたち（そのなかでも「認知の歪み」が大きい子どもたち）は、何らかの不適応行動を示しがちです。それがパターンになってくると、先生も周囲の子どもも頭を抱えてしまうかもしれません。

目標は、一つも不適応行動を起こさないことではなく、少しずつ安定した生活を送れるようになることです。例えば、Dさんは「ガクーン」となったときに教室にいると問題が起きそうなので、自ら一人になる場面をつくれるようになりました。このように、多少の不適応行動があったとしても、自分で解決する力（セルフコントロールといってもよいでしょう）を少しずつ身につけることを目標にしたいものです。

保護者対応への考え方③

「学校でいじめられている」と子どもが家庭で話す場合、保護者としてはとても心配になります。学校に問い合わせるのも当然でしょう。このような場合、Dさんと対話を継続したように、保護者とも長期的なスパンで懇談を続ける必要があります。

まずはDさんが保護者に話したこと、保護者の考えを聴きます。そして率直に、かつ客観的にその日で起こった出来事（よかったこと、よくなかったことも含め）や、担任の対応についても説明します。決して「『認知の歪み」を修正しています」という表現はせず、「○○のような指導をしています」「今日は二人でこんな対話をしました」と説明するのがよいと思います。

行事や授業参観などの機会を多く設定し、保護者が学校に来ていただく機会を増やすことも効果的です。保護者と担任が、子どものよい点や問題点などを共有しやすくなります。

case 5 被害的になり、何でも人のせいにするEさん

E さんの成育歴

- 真面目で学習態度もよい
- 協働的な学習場面でのトラブルが目立つ
- 「自分はきちんとやっている」といつも主張する
- 被害的な面が強い一方で、他罰的
- 学校が楽しくないと言い張る

小学５年生のＥさんは、真面目で学習態度も良好です。しかし、協働的な学習の場面や行事活動で友達とのトラブルが目立ちます。例えば社会の時間、生活班で新聞づくりをしたときに、うまく協力できないために仕上がりが滞っていました。その際「私はきちんとやっているのに、みんなが協力してくれない」と一方的にほかの友達を批判して、険悪な雰囲気になってしまいました。宿泊キャンプの行事では、オリエンテーリングでＥさんのチームが最下位になってしまいました。その際も「このチームだからキャンプが全然楽しくない。協力してくれないからご飯も食べることができない。もう帰りたい」と、被害的かつ一方的に他者批判をします。

担任の目からみると、Ｅさん自身も協力的でなく、すべての責任を押しつけているようにもみえます。そして、いくつかの場面では楽しそうにしているようにみえるのですが、「学校が楽しくない」と言い張り、保護者との関係も難しくなっています。

先生の困りごと

- 協働作業での要求水準が高く、一方的に相手を責めて、トラブルになることが多い。
- 被害的になったときには、相手のいい分に耳を傾けることができず、「学校が楽しくない」と強く主張する。
- 保護者も子どもの話を信じていて、うまく連携できていない。

Step 1 認知の歪みを理解する

<思考パターン>
- すべき思考
- 感情的決めつけ

すべき思考

まずは子どもの「認知の歪み」を紐解いてみましょう。E さんは担任の指示をよく聞いており、忠実に実行しようとします。忘れ物はほとんどありませんし、何事も一生懸命に取り組みます。まさに模範的な児童なのです。しかしながら、E さんの口ぐせは以下の通りです。

「宿題はきちんとしなくてはいけない」
「授業中は騒がしくしてはいけない」
「班活動では協力しないといけない」
「休み時間が終わったらすぐに教室に帰ってこなければならない」

一つひとつは正しいのですが、思い込みが激しく、ささいなことでもクラスメイトがルールに従わない場面に遭遇すると、機嫌が悪くなります。協働作業面では、この傾向が顕著になります。例えば、話し合いの場面で議論が盛り上がること自体はよいのですが、E さんにとっては“騒がしい”と感じてしまうことが多く、「騒がしくしないで！！」と友達を非難してしまいます。

E さんにとっては“〜しなければならない”ことの種類が多く、また友達に対しての要求水準も高いので、周囲はついていけない様子です。結果的に自分が理解されていないという被害的な思考に陥ったり、周囲ができていないことを責め立てるような他罰的な態度をとったりします。

E さんは【すべき思考】という「認知の歪み」を抱えており、やや強迫的な徴候も示しています。つまり自分が〜しなければならないという信念（こだわり）が強すぎて、柔軟な思考や対応ができなくなっています。さらに、周囲にも自分の信念を押しつける結果となり、思い通りにならないときには他罰的になるのです。それが発展すると、自分は正しいのに周囲は理解してくれないという、被害的思考につながります。

感情的決めつけ

被害的であることと、他罰的であることは表裏一体です。つまりコインの裏表の状態であり、一方が加速するともう一方にも歯止めがきかなくなります。例えば、

「自分は静かにしたいのに、まわりは静かにしてくれない」

「協力して作業したいのに、同じ班の人たちは好き勝手している」

と感じているとしましょう。このような“満たされない欲求”が持続すると、否定的な感情が衝動的に表出してしまい、コントロールがきかなくなります。その状態が維持されると、少しの否定的なことさえも頭から離れなくなってしまうのです。

そうすると、「まわりはまったく自分を理解してくれない」という決めつけが定着して、起こっている事実や、周囲の状況に対する客観的な関心が薄れます。従って、「こんな嫌な気持ちになっているのだから、周囲が悪いのに違いない」という【感情的決めつけ】に飛躍してしまうのです。

・E さんの「認知の歪み」を整理してみましょう。

正しいことに対する、やや強迫的な固い信念（こだわり） ＋ 周囲への過度な要求

高い要求水準と満たされない欲求

否定的感情の持続と衝動性（冷静な判断力が失われる）

【感情的決めつけ】

修正ポイント

- **「～しなければならない」という信念が自分自身の思考や行動の柔軟性を失わせている。それに対して周囲もついていけない。**
- **否定的な認知や感情が頭から離れない。被害的で他罰的な言動がエスカレートしている。**

Step 2 感情に働きかける

<思考パターン>	×	<感情に働きかける>
●すべき思考 ●感情的決めつけ	×	●子どもの思考を裏づける証拠についての質問 ●“感情→行動” のパターンを知る

子どもの思考を裏づける証拠についての質問

【すべき思考】にとらわれた子どもは、【全か無かの思考】と同様に、すべて自分の思い通りにいかないと満足できない傾向があります。この場合、少しうまくいかなかったとか、だいたいうまくいったという中間点がないのです。

会話例

先生、社会の時間に見学する施設の順番や見学の仕方を班ごとに相談したでしょう。みんなうるさくて、全然決まらなかった。班長の私の意見も全然聞いてくれなかった

Eさん

先生

そうか、話をまとめるのに苦労したんだね。リーダーとして頑張ったね。とっても真面目なところがEさんのよいところだね

私は頑張っているのに、みんな全然協力してくれないんだよ

先生も様子をみていたら、○○さんは“Eさんの意見いいね！”っていってくれてたね

△△君は、“班長さんの意見に従おう”って元気づけてくれていたよ

先生

ということは、みんなが協力してくれないっていうことはないよね

Eさん

うん……

Eさんが気づいていないところで、ずいぶんみんな協力してくれているね。ほかにもたくさんあったよ。今度はそこに気づくといいね

ほかにも？

そうだよ。Eさんの発言に拍手してくれたり、うなずいていたりしていたよ。みんなのこと、どう思う

やさしいなって思う

“感情→行動”のパターンを知る

会話例

先生

Eさんが友達に対して怒ったり、悲しくなったりするのはどんなとき？

Eさん

みんながうるさいときとか、私がいったことを守ってくれなかったとき

今日の話し合いはうるさかったかな？

うん、すごくうるさかった

ほら、あの班の話し合いをみてごらん。あの班よりもうるさかったかな

あの班よりは静かだった

そうだね。話し合いだから、あの班でもうるさいとは全然いえないよ。だからEさんの班は、逆にとても静かに話し合いしていたといえるね。1～10で評価すると2ぐらいだよ

えーーーっホント？

そう、今度うるさいかなって思ったときは、先生のところにきてね。1～10でうるささを評価してみよう。5以下だったらがまんできるかな。一緒にやってみよう

修正ポイント

- 否定的な認知や感情が優位な状態にあると、自分にとって肯定的な発言や行動があったとしても、それらを無視したり、軽く扱ったりすることがあります。この場合、タイミングよく友達にほめてもらったことや協力してもらったことなどを取り上げて、Eさんが認識している状況と、現実で起こっていることのギャップに気づかせるようにします。
- 【すべき思考】が柔軟な思考や行動を制限してしまっていることもあるのですが、このような特性は、几帳面あるいはとても頑張り屋さんで、よい面でもあります。認知の修正を図るときに相手の思考を否定するようなやり方はうまくいきません。必ず子どものよい面を評価し、共感的に受け入れたうえで、より現実的な解釈のやり方を教示するのが効果的です。

さらに、Eさんには、【感情的決めつけ】(47ページ) が多くのトラブル場面で認められます。【感情的決めつけ】とは、「こう感じるんだから、それは本当のことだ」というように、自分の感情を、真実を証明する証拠のように考えてしまうことです。

前述のように、Eさんは思い通りにならないとき、つまり“満たされない欲求”が蓄積したときに怒りや不満がこみ上げてくるのです。高学年以上の子どもたちには、ここに気づかせると効果的なことがあります。

会話例

Eさんは、思い通りにいかないときが続くと、がまんできなくなって、『みんな嫌い！』とか、『学校楽しくない』って、大声で叫ぶことがあるよね

そう、みんなが悪いんだよ！！！

誰が悪いかを探すのは、ここではやめておこうね。でもEさん、思い通りにいかないときって、Eさんのほっぺが膨らむんだよ。たぶん、心臓がバクバクして、頭が白くなるんじゃないかな？

えっ―――っ！　どうしてわかるの？

その時、嫌な気持ちになって辛いでしょう

そうなんだよね。本当に嫌な気持ち！

じゃあ、次はそんな気持ちにならないように練習してみよう！

このように、自分の気持ちや衝動性を理解してもらったとき、子どもたちはすごくいい顔をします。「やっとわかってもらった！」という安心感と、「なんだ、そうだったのか」という発見の驚きが交錯するのです。

Step 3 行動に働きかける

＜思考パターン＞		＜感情に働きかける＞		＜行動に働きかける＞
●すべき思考 ●感情的決めつけ	×	●子どもの思考を裏づける証拠についての質問 ●“感情→行動”のパターンを知る	×	●成功時のフィードバック ●選択の余地を検討する

成功時のフィードバック

今話し合いをしていて、みんながうるさいと思ったんだけど、先生もそう思う？

うん、少し○○さんが大きな声を出していたね。でも熱心に自分の考えを述べているから、ほめてあげたら喜ぶと思うよ

え、どうやってほめるの？

『○○さん、いい意見だと思います』っていえばいいよ

いまの行動は素晴らしいよ。困ったことがあったら、怒らずに、相談にきてね

うん、またほっぺが膨らみそうになったら相談します！

この場面では、Eさんは思い通りにならなかったときでも衝動的に怒らず、自分の“感情→行動”パターンに気づいて、先生に助けを求めています。これは、学校での認知行動療法が奏功する典型的パターンです。

このように、成功したときには即座にフィードバックします。フィードバックすることにより、客観的に自分の成功を理解できるように促します。【成功時のフィードバック】を繰り返すことにより、適応的行動を汎化することが期待できます。

冷静に自分の感情に気づくことや、衝動的な行動をコントロールすることは、本来難しいことです。しかし学校ではうまく認知行動療法を応用することにより、簡単に取り組むことができるのです。

選択の余地を検討する

被害的な姿勢や、他罰的な言動が目立つ子どもには、対人関係のトラブルがつきものです。しかし彼らは、自ら対人トラブルを起こそうと思っているわけではありません。否定的認知と複雑な感情により、結果的に行動の問題となって噴出しているのです。

「認知の歪み」が整理できて、“感情→行動”パターンが認識できるようになってきたら、行動改善が進みやすくなるので、積極的にこの技法を使用しましょう。対人トラブルの原因となる、行動や発言をポジティブなものに変えていくのです。

会話例

先生、また『誰も助けてくれない‼』っていったら、やっぱりみんな『またか』っていう顔するんだよ。どうしたらいいの？

『助けてくれるとうれしいな』とか、『協力してください』っていうといいと思うよ

うまくいえるかな

『助けてくれてありがとう！』でもいいな

えっ、まだ助けてもらっていないのに？？？

絶対助けてくれると信じて、最初にお礼をいうと、みんな気持ちよく助けてくれるよ

へえー。そうなんだあ

ありがとう！ってね、魔法の言葉なんだ。いっぱい使っても減らないし、損しないしね！

本当だね。いっぱい使うといいんだね。

改善されたポイント

●Eさんは“感情→行動”パターンが認識できるようになる

否定的な「認知の歪み」が強力な場合、一瞬のうちに否定的感情がわき起こり、不適応行動が生じます。この悪循環で苦しんでいるほとんどの子どもは、この連鎖パターンを認識していません。悪循環の輪をどこで断ち切ればよいのかがわからないのです。

一方で、このパターンを認識できるようになると、状況を打開する糸口がみえてきます。否定的で複雑な感情がわき起こったときに、行動を変えてみればよいのです。選択の余地（行動や発言）を豊富におこなうことによって、適応的行動パターンが定着していきます。そうすると、極端な「認知の歪み」の修正も可能となります。

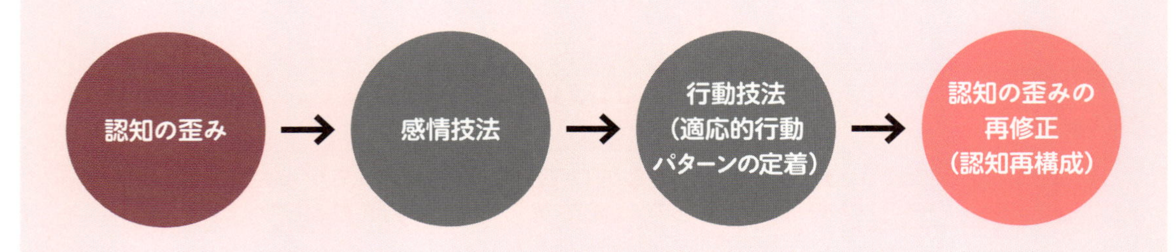

Attention

保護者対応への考え方④

「学校が楽しくない」と訴える子どもの保護者は、学校での生活をとても心配します。「いじめられているのではないかしら」「先生に不当な扱いを受けているのではないかしら」と考えるのは当然でしょう。

担任から、普段の様子を保護者に話すことも重要ですが、それだけではコミュニケーションが難しい場合、「E さんが学校生活を楽しく送るために」という目標を前提にして、認知行動療法の応用についても率直にお話ししてよいかと思います。

実際に楽しそうに活動している場面があるのなら、それを直接みてもらうことも有効です。授業参観だけでなく、学級や授業の様子を積極的にみてもらいましょう。そして、課題や改善点を共有するのです。少しずつ効果がみえはじめると、保護者の学校に対する姿勢に変化が出てくるでしょう。これも保護者の協力を引き出す、一つの行動技法であるといえます。

case 6 友達のアドバイスを受け入れられないF君

F君の成育歴

- 先生に対しては素直で指摘されたことを受け入れる
- 剣道部に所属しており、練習態度はよい
- 知的に遅れはないが、著しい学力遅滞
- 友達に指摘されるとカッとなり、机を倒す
- 机を倒したあと、極端に気分が落ち込み、反省する
- 一度けんかしてしまうと、ずっと引きずってしまう
- 普段はボーッとしていることが多い

中学1年生のF君は、小学校の頃からカッとなるとコントロールできず、机を倒してしまいます。小学6年生時の担任からいくつかの配慮を要する子どもとして引き継ぎましたが、部活動（剣道部）は順調で、スムーズなスタートが切れたようでした。

しかし、授業中にボーッとしていることが多く、それを友達に指摘されると、爆発したかのように机を思い切り倒してしまいます。危険なので代替物（タオルやスポンジボール）を叩くよう工夫しましたが、効果はありませんでした。

素直でやさしいところがあるのですが、いったん友達とけんかすると一日中引きずって落ち込んでしまいます。机を倒してしまったときも同様の反応です。

先生の困りごと

- F君のよい面はたくさんあると思うが、活かしきれていない。
- カッとなって机を倒す行為だけはやめさせたいが、効果的な方法がない。
- 友達とけんかしたあと、上手に仲直りできない。特に特定の子どもと相性が悪い。

Step 1 認知の歪みを理解する

<思考パターン>
- 心のフィルター
- 感情的決めつけ

心のフィルター

F君のもっている【心のフィルター】が、友達関係に顕著に悪影響を与えています。【心のフィルター】とは、相手に対する悪いイメージばかりが先行してしまい、そればかりが気になってしまう「認知の歪み」です。そのため、友達が好意をもってアドバイスしてくれたときも、「また注意された」とか「悪口をいわれた」と受け取ってしまうのです。

周囲の友達全体に対しても何らかの【心のフィルター】があると考えられますが、特定の友達に対しては一層強く否定的な【心のフィルター】をもっていることがあります。いわゆる、相性がよくないということです。F君のケースでも、このような特定の友達が存在するようです。F君は相性の悪さを強く意識する一方で、相手はそれほどこだわりがないという場合もあります。

感情的決めつけ

F君は相性の悪い友達からの指摘やアドバイスを受け入れようとしません。机を倒してしまったあと、強く反省していることから、これではいけないと考えていることも理解できます。

しかし、「○○君は自分のことばかり悪くいう」という認知が固定化してしまうと、相手の発言の内容は吟味されなくなってしまい、「また注意された」「自分のことを批判している」と受け取ってしまうのです。これが【感情的決めつけ】という「認知の歪み」です。

これは他者だけでなく、自分にも向くことがあります。F君は不適応行動のあと、ずいぶん落ち込んで、一層緊張感が高まってしまいます。これは、これまでの失敗経験の蓄積により、「やっぱり自分はがまんできないんだ」「また自分のせいでけんかしてしまった。だめな人間だ」というように、自分に対して否定的な【感情的決めつけ】をしてしまっているのです。

・このようなケースで留意すべきこと

机を突き飛ばしたり、大声で相手を罵倒したりするような、パニック行動をしてしまう子どもは、その行為によりストレスを発散して、すっきりしているのでしょうか？ いいえ、実際はその逆です。F君のように相手とのトラブルのあと、一日中それを引きずって落ち込んでいるケースが多いのです。つまり、自身の行為を反省しているのですが、それを次に活かせないことで落ち込んでいるのです。その苦しみに共感し、どのように対応すればよいか、担任がモデルとなり次のようにスキルを磨いていきましょう。

修正ポイント

- F君を注意深く観察すると、一方的に「また注意された」とか「悪口をいわれた」と受け取ってしまうことが多いようです。例えば、「これ用意したほうがいいよ」「早くプリント配って」というなんでもない友達からの指摘にもかかわらず、拒絶的な態度で反応してしまいます。注意散漫でボーッとしているときに顕著です。この場合、一つひとつの場面で友達の発言の真の意図を理解させていく必要があります。

会話例

F君、何を怒っているの？

△△君に、早く教科書出せっていわれました

そうだね。△△君は、君が教科書を出していないので、先生に注意されないように教えてくれたんだよ。しかもね、『出せ』じゃなくて、『出したほうがいいよ』ってやさしく声をかけてくれたよ

声をかけてくれた？？　注意してきたみたいでした

先生も近くでみていたから、よくわかるよ。F君のためにアドバイスしてくれていたんだね。今度こんなことがあったらどうする？

お礼をいったらいいですか？

そうだね。うまくいえるかな。いまここで練習しようか

●否定的で現実的でない“思い込み”（「認知の歪み」）をもっていると、感情が爆発しやすくなります。感情の爆発を繰り返すと、不安になったり、緊張感が高まったりします。自分がどんな“思い込み”をもっているのか、その“思い込み”はどのくらい非現実的なのか、そして他者および自分に対する“思い込み”がどのくらい生活の足を引っ張っているかを、対話を通して発見していきましょう。

会話例

先生

今日も△△君とけんかになっていたね。どうしたの？

F君

剣道部で僕は真面目に素振りしていたんですけど、△△君はちゃんとしてなかったんです。だから注意しました。でも真面目にやらないから、カッとなって怒鳴りました

F君は真面目だから、自分と同じように真面目にしないといけないと思ったんだね

はい、サボるのは絶対だめです。△△君は絶対だめなやつです。

さぼるのはだめだけど、さぼると全員だめなやつになるのかな

それはそうです

1回もさぼらない人は一人もいないね。F君もさぼったことがあるよね。それで、絶対だめなやつっていわれたら、それは正しいかな

それは……

そうだね。F君の考え方は、その点が極端になっているね。それは“思い込み”ともいえるね。いつの間にか、さぼることを怒っているのではなく、だめなやつって決めつけて怒ってしまっているね

今日、わかってほしいことは、ここなんだ。極端な考え方をしたときに、つまり思い込みが激しいときに、F君は突然怒ってしまうことが多いんだよ

はい、特に△△君はだめなやつって、思ったときに怒ってしまいます

Step 2 感情に働きかける

<思考パターン>		<感情に働きかける>
●心のフィルター ●感情的決めつけ	×	●複雑な感情に気づかせる＋“感情→行動”のパターンを知る

複雑な感情に気づかせる＋“感情→行動”のパターンを知る

不適応行動に先行する感情はほぼ同時に生じますが、派手な行動は認識されやすく、その基盤にある感情は軽視されがちです。むしろ、意識的にそこに焦点化しなければ行動の理解につながりません。

不適応行動の前に、どのような複雑な感情が生じたかを言語化して客観的に捉えることが重要です。そして自分が苦しんできた感情に気づき、そこから起こる“感情→行動”パターンを理解することにより、コントロールを目指すのです。

会話例

今日はね、F君と感情の話をしよう。△△君に注意されたとき、必ず机を倒してしまうよね。その時、どんな気持ちかな？

カーッとなってよくわかりません

例えば、怒り、だね。ほかにも注意されて恥ずかしい、という気持ちはある？

はい、あります

そして、またか、という絶望もあるよね。もう、どうにでもなれっていう感じ。そして後悔の気持ちもあると思う。くやしい気持ちもね。

はい、本当にそうです

この、怒り、恥ずかしさ、絶望、後悔、くやしさ、これらが合わさった感情を“複雑な感情”っていうんだよ

へえー、そうなんですか。でも本当にそんな複雑な気持ちです

F君、この複雑な気持ちがわき上がってきたときは、体にどんな変化があるの？

血が頭に上ってきて、心臓が大きくなって口から出てきそうです

そこで、机を倒してしまうんだね

はい、その通りです。気がついたら机を倒しています

ここからが二人での練習だよ。もし、そうなったとき、すぐに先生のところにくるか、教室から出て深呼吸してくることは可能かな？

一瞬だからできるかな。やってみます

修正ポイント

- 自分の感情に気づくことは本当に難しい作業です。さらに、自分の感情に向き合うことは一層困難なことです。担任がその感情に気づき、言葉にして納得させ、それに向き合うスキルを教えることで、複雑な気持ちに向き合うことができるのです。子ども一人でこの作業に成功することはおそらく不可能でしょう。ここが学校での認知行動療法の応用の山場です。しかし慣れてしまうと意外と簡単です。

●感情の爆発から、いつもの不適応行動に発展するパターンが認識できると、その対策を練ることができます。これまでうまくいった例としては、
・人を叩かずに、机を叩く
・叩いてもよい本やタオルを置いておく
・すぐに息を止めて歯を食いしばる
・教室から出て行って、深呼吸をする
・自分の両手をギュッと握りしめる
・水を飲みに行く
これらはほんの一例です。担任と子どもで提案を繰り返し、失敗と成功を繰り返しながらその子にあった方法を考えていきましょう。成功すると、自分で自分をコントロールできたという自信が生まれます。

Step 3 行動に働きかける

＜思考パターン＞
●心のフィルター
●感情的決めつけ

×

＜感情に働きかける＞
●複雑な感情に気づかせる＋“感情→行動”のパターンを知る

＜行動に働きかける＞
●聴くスキルを磨く
●選択の余地を検討する

聴くスキルを磨く

友達とトラブルが多いのはなぜでしょう。また、特定の子どもとのけんかが多いのもなぜでしょうか。

それは、一つひとつの問題が解決されていないからです。そして一方的に謝る、謝られる、ということが無意味に継続されてきたからです。このような関係性でプラスの感情や行動は生まれません。

こうしたケースでぜひ長期的に磨いてほしいのが、“聴くスキル”です。

会話例

先生

F君、今日から先生と【聴くスキルを磨く】練習をしよう。これはとっておきの魔法のスキルだよ

F君

はい、少しずつ、机を倒す回数も減ってきました。その“聴くスキル”も教えてください

さっきも△△君とトラブルがあったよね。F君と△△君でどちらがノートを先生に持っていくかでもめていたね

班長の△△君が持っていくべきだといったら、けんかになりました

まだ仲直りしていないよね。二人と先生で話をする前に、練習をしよう。先生が△△君役だよ。

はい、わかりました

『聴く』とは、耳と、目と、心と、体全体で相手の話を聴くことだね。まず背筋を伸ばす。そして手を膝の上に置いて手遊びをしない。相手の言葉が理解できたときには必ずうなずく。それは大丈夫だね。そして、目を合わせて、ときどき、『軽く笑顔』にするんだよ。これは今まで練習したね

『F君、さっきはごめんね』って、△△君がいったら、『いや、僕が真っ先にノートを持っていけばよかったと思います。いつも△△君はよくしてくれるので、ノートぐらいは僕が届けるべきだったと思います』といってみよう

はい、練習します。そういったほうが気持ちいいと思います

そういってくれてありがとう。練習通りに△△君と話し合いしてね

選択の余地を検討する

不適応行動があったとき、それを叱るのではなく、どのような行動が適切だったか、もし次に同じような場面に遭遇したら、どう行動するのかを普段から対話のなかで示していきましょう。

一番よくないのは、「何がよくなかったか、自分でよく考えなさい！！」という指導です。このようなケースの子どもたちは、どう行動すればよかったかがわからないので、不適応行動が頻発しています。ですから、感情を言語化し、“感情→行動”パターンを認識させたら、具体的な代替行動（選択の余地）を一緒に検討するのです。

算数でも一回やっただけでは定着しないので、計算ドリルがあります。漢字も同様です。しかし、学校には社会的スキルを磨く適切なドリルはどこにもありません。だからこそ、先生がよいモデルになって、そのスキルを磨くのです。先生が社会的スキルのモデルになり、ドリルを実施させるというイメージです。幸い学校はそのスキルを磨く場面の設定がいくらでも可能です。

改善されたポイント

●F君は自分や他者に対する思い込みを発見することができる

0か1かという、極端な考え方に固執する傾向がある場合、人に対しても、「よい人か悪い人か」という激しい思い込みを生じる場合があります。まさにF君も特定の友達に対して極端に否定的なイメージをもっており、それが不適応行動につながっていました。

その思い込みはF君にとってはあまりにも当たり前すぎて、思い込みだと気づいていないのです。担任は毎日の対話で、その思い込みに気づかせる必要があります。これらが蓄積することにより、思考に柔軟性が生まれてきます。

●F君はこれまでと違った方法を試すことができるようになる

これまで、複雑な感情が生じるたびに机を倒していたF君は、それ以外の方法を試すようになりました。3回に1回程度は机を倒すことがありますが、少しずつ自分の複雑な感情が生じたときに対処するスキルを磨きつつあります。3回に1回程度まで減るというのは、劇的な変化です。そこを具体的にほめ、定着を図りましょう。人間は誰でも対立するより、融和するほうが気分がよいのですから。

Attention

不注意と行動および学習の問題

多動や衝動性という特性は否が応でも目立ちますので、担任が気づかないということは稀です。一方で、不注意という特性は見過ごされがちです。典型的な不注意とは次のような姿です。

・ボーッとしている（とろんとした目）
・眠たそうにしている（姿勢が悪く、ウトウトしている感じ）
・注意の切り替えができない（聞いているのかと思ったら聞いていない）
・注意集中がうまくいっているときといないときの作業効率（パフォーマンス）の質の差が激しい

不注意で覚醒レベルが低く、作業効率の悪い状態が常態化すると「あぁ、この子はこのような子なんだ」という理解をされて、著しい不注意傾向が見過ごされることがあります。明らかに医療機関を受診したほうがよいケースでも、教員間、そして保護者にもそのような具体的な相談をしていないという例は少なくありません。

さまざまな研究から、注意欠如・多動症の不注意タイプと学習障害（より具体的には発達性ディスレクシア：読み書きの問題）との合併は極めて高いことが示されています。また、覚醒レベルの低い子どもは、容易に退屈感を覚えるという報告もあります（Raine, 1997）。これらの知見は、不注意特性が学習や忍耐を要する作業に致命的な悪影響をもたらすことを示しています。

case 7 「僕はゴミみたい」と自らを卑下するG君

G 君の成育歴

- 性格は穏やか。委員会活動や部活動は真面目に取り組んでいる
- 自分のことをゴミと卑下する
- 「自分は何をやってもだめですから」「自分がばかなことはよくわかっています」という
- 「死んでしまいたい」と呟くこともある
- 無気力である
- 対人関係の距離感が理解できていない
- 学習は全般的に苦手

中学３年生のG君は、委員会活動や部活動に一生懸命取り組んでいます。しかし自分に自信がなく、何かと自分を卑下する傾向があります。日記には、「僕はゴミみたいな存在です」とか「早くこのゴミを捨ててほしい」と書くことがあります。ほかにも、「自分はばかだから迷惑をかけている」とか「何もしないことが一番よい」と担任に訴えることもしばしばです。ある先生に無気力さを指摘されたときには、「もう死んでしまいたい」と呟いたこともあります。

また、友達との距離感がわからず、よく知らない子どもに近づくことがあるかと思うと、親しい友達と距離をとることもあります。学習も苦手で学年の下位に位置し、進学先も確定していません。

先生の困りごと

- よい面をほめても手応えがない。自分にまったく自信がなく、「自分は何をやってもだめですから」「自分がばかなことはよくわかっています」といい、自分のことをゴミ扱いすることがある。
- 無気力が目立ち、希死念慮をもらすこともある。
- 対人関係の距離感が理解できていないことでのトラブルがある。

Step 1 認知の歪みを理解する

<思考パターン>
- レッテル貼り
- 個人化

レッテル貼り

G君は学校生活での強烈なストレスにさらされ、相当自信を失っています。学校で学業が振るわず友人関係も良好でない場合、事実上逃げ道はありませんので、何一つ楽しみを感じられる場面もなく、過酷な生活を送っているといえるでしょう。

「自分はゴミみたいな存在です」とか「早くこのゴミを捨ててほしい」と書いていることから、第１章で説明した学習性無力感に陥っている可能性が高いです。「認知の歪み」が究極的に大きくなると、自分自身に対して、このように極端な【レッテル貼り】をすることがあります。

個人化

「自分はばかだから迷惑をかけている」とか、「何もしないことが一番よい」と担任に訴えるエピソードは、あらゆる問題の原因は自分にあり、自分の問題によって周囲に迷惑をかけているという極端な自責の念や罪悪感があることを示しています。このような「認知の歪み」を【個人化】といいます。つまり問題を全部自分のせいにしてしまっているのです。

・このようなケースで留意すべきこと

筆者は職業柄、幼、小、中学校を中心に、さまざまな困難ケースの相談を受けてきました。本書で取り上げたこれまでのケースは、主に小学校での対応を想定しており、適切に治療的介入をすることで、奏功する流れでイメージしてもらおうと書いてきました。一方で、中学校では、このG君のように心を痛めるケースに出会うことがしばしばあります。

一生懸命勉強しても学業成績が振るわない場合、性格が真面目で頑張り屋さんの生徒ほどその結果に傷つき、強烈な挫折感を抱いています。さらに、部活動でも活躍できなかったり、相談できる親しい友達がいなかったりする場合、自分が無力であることに対して打ちひしがれている生徒が少なくありません。まさに「学校トラウマ」状態です。

このようなケースでは本人の無気力で学業や友人関係、学校生活に問題が生じているのではありません。まったくその逆です。絶望感や挫折感に対して援助の手が差し伸べられなかった結果、無気力状態にならざるを得なかったのです。

これは、電気ショックを受け続け、がまんすることを運命づけられたイヌが、逃れられる場面設定に置かれても、逃げずにじっと苦痛に耐え忍んだというマーティン・セリグマンの実験結果（第１章参照）と酷似しているではありませんか。ときに学校は、学習性無力感を学習してしまう、残酷な場でもあるのです。私はその状態を「学校トラウマ」と呼んでいます。

修正ポイント

- 「聴く」ことの重要性は何度も繰り返してきました。このようなケースでの「認知の歪み」はかなり深刻です。G君の苦しみや悲しみに共感的に傾聴することが第一です。一方で、自分に対する極端な否定的認知については、修正していく必要があります。
- 中学校では、やらなければならないことが山積しています。目の前の課題の遂行にキリキリ舞いになっているのは、子どもも担任も同じかもしれません。このようなゆとりのない状況では、G君のように一見無気力に見えてしまう言動を注意深く配慮することは困難なことなのです。しかし、学習性無力感の実験のイヌが、最終的に誰も助けてくれないことを学習したように、G君も救急援助のサインを何度も出してきたのに助けてくれなかった苦い経験を蓄積しています。

Step 2 感情に働きかける

＜思考パターン＞
- レッテル貼り
- 個人化

＜感情に働きかける＞
- 感情に向き合う

感情に向き合う

辛い経験が長期間継続すると、感情の起伏が乏しくなり（感情の平板化）、意欲が低下します。つまり喜怒哀楽の表現が乏しくなり、やる気が低下するので、無気力な状態にみえます。精神医学では「感情鈍麻」という表現をします。

G君は自分がどのくらい苦しいのか理解できないうえに、どんなことが嫌なのか、どんなことをしたくないのか、したいのか、うまく言語化できません。よって、先生が対話のなかで自分の感情に気づかせ、どんなことで助けてほしいのかを引き出します。

会話例

先生

G君、日記に自分のことをゴミみたいって書いていたけど、どうしてそう思うの？

G君

だって勉強もできないし、友達もいないし、何をやっても先生に怒られるからです

そんなとき、どんな風に感じるかな？

どんなって…何も感じません

本当かな？　苦しいって思っていないかな？

それは普通のことだから。自分がだめなのはわかっているので、苦しくないです

自分のことをゴミみたい、って思っているということはね、本当はすごく苦しいということと同じなんだよ。でも、苦しいと感じると本当に苦しくなるから、G君はこれは普通のこと、と考えようとしているんじゃないかな

そうかもしれません

これまでG君の苦しみに気づくことができなくて、本当に申し訳ないと思っているんだ。それで、G君が学校で一番嫌なことや苦しいことを教えてほしいんだ

うーん。実力テストが本当に嫌です。頑張ってもいつも 10 点位なので。そこで先生に怒られると、もうやる気がなくなります

そうか。本当にごめん。次に配布するときはこっそり渡すようにするよ。そして、次の実力テストまでに、まずは数学を一緒に勉強しよう。いいかな？

いや、勉強はいいです

そうか、じゃあ、わからないことがあったらいつでも質問に来てね

修正ポイント

- 感情鈍麻（感情の平板化）が表れると、意欲が減退し、思考も低下する傾向があります。何より、会話が減ってきます。コミュニケーションの回数が減ることは重要なサインです。そこで積極的にG君と会話をして、苦しみや悲しみの感情を言語化します。一方で、G君の好きなことや興味関心のあることも話題にしつつ、会話そのものを楽しめるように工夫します。
- 【感情に向き合う】ことを焦ってはいけません。苦しさに向き合うことは誰にとっても苦しいことです。共感と援助がセットになってはじめて、子どもと担任は苦しみに向き合うことができます。掃除のときやスポーツをしているときなど、一緒に作業して汗をかきながら話をする場面を設定するのも効果的です。

Step 3 行動に働きかける

＜思考パターン＞		＜感情に働きかける＞		＜行動に働きかける＞
●レッテル貼り ●個人化	×	●感情に向き合う	×	●成功時のフィードバック

成功時のフィードバック

学校では学業成績や社会性の評価が中心となります。この両方を苦手とする子どもは、これらで自分が評価されることに対する恐れ、嫌悪感をもっています。一方で、社会に出れば学業成績を直接問われることはありません。真面目で誠実な人柄は、どの職業でも活かされますし、成功するチャンスも拡大します。

ここではG君の長所や得意とすることに着目し、コミュニケーションのきっかけとします。一緒に作業しつつ、活躍の場を広げていくことで行動の変容を促します。「学校トラウマ」に陥っている子どもたちは、多くの場面で担任にも傷つけられてきたので、担任に対しても基本的には不信感をもっています。「辛いことを辛い」と表現できるようになるのは時間がかかるでしょう。コーチとして受け入れてもらい、協働して問題解決にあたるために、まずはG君の好きなことを担任も好きになる必要があります。

会話例

先生

毎日植栽に水やりしていて素晴らしいね。助かるよ

G君

はい、栽培委員ですから

植物は好きなの？

はい、お母さんが家でいろいろ育てているんです

植物の名前もよく知っているよね。これは何？

これはシラーサファイヤブルーです。こっちはインパチェンスで、日陰でもよく育ちます。秋までずっときれいに咲きます

すごいね。今度栽培委員会の委員長に立候補したらどうかな？

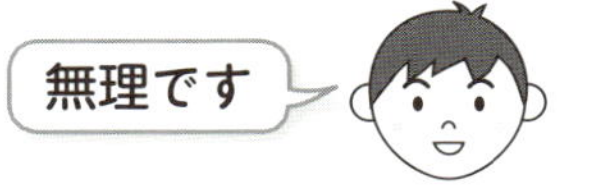

G君の真面目さや誠実さは、学校一番だと思うよ。植栽関係のお仕事っていっぱいあるんだよ。就職は絶対困らないね

へえー、そうなんですか？

この後、校長室の鉢植えの観葉植物の水やりも一緒にしようか？

G君、どうしたの？元気がないように見えるけれど

※表情や言動のささいな変化も見逃さないようにしましょう。

はい、いえ、なんでもないです

この前に話したように、辛いことを辛いと言葉にすることが君の課題なんだよ

実は数学の中間テストで赤点だったんです。いっぱい課題が出たんだすけど、一つもわからないんです

そうか、よくいってくれたね。これから数学の先生に相談してみるよ。課題を減らしてもらうのがよいか、一緒に課題に取り組むのがよいか、どっちかな？

教えてもらっても、なかなかできないと思います

じゃあ、まず一緒に数学の先生に相談に行こう。大丈夫だよ

（うれしそうに笑ったのを確認して、一緒に数学の先生の所に相談に行く）

改善されたポイント

●G君は辛いことや、悲しいことを言語化できるようになる

思考が低下して、感情表現が乏しくなると意欲が低下します。そうなると、否定的感情に支配されて、自ら問題解決できなくなります（あくまで問題解決できなくなるのであって、進んで問題解決しようとしないのではありません）。

G君は、勉強を頑張っても低得点しかとれないこと、課題を出されても自分では解決できないことに悲しみや苦しみ、怒りなどを覚えています。ここを一緒に言語化して、このような自分の感情に気づかせるのです。またそのような感情に共感してくれる人がいることにも気づいてもらいましょう。

Attention

先生も保護者も学習性無力感に陥って苦しんでいる

子どもたちが発達し、成長するうえで、学校という場はこれから生きていくうえでの必要なスキルを磨く絶好の環境を提供しています。一方で、学習が苦手であったり、対人関係づくりに苦労したりする（両方を抱えるケースも多い）子どもたちにとっては、学校は過酷な生活環境なのです。

日本では、学級は完全な同年齢集団で、全国画一の学習指導要領により、学ぶ内容も厳密に策定されています。よって、先生も保護者も「○年生だからここまで到達していなければならない」とやや強迫的に考えてしまうのです。そのことにより、学習も社会性も学年相応でない子どもたちは、学校（学級）で生活することに対して息苦しく感じています。さらに、失敗経験を蓄積することにより、重度の学習性無力感に苦しみ、いわゆる「学校トラウマ」に陥るケースがあります。

しかし、学習性無力感に苦しんでいる子どもたちの近くには、同じく学習性無力感に苦しんでいる先生や保護者の方々がいます。「丁寧かつ全力で指導しているのに、子どもの不適応行動がよくならない」とか、「家庭でもきちんと学習させ、しつけもしているのについていけない」という、先生や保護者の悲痛な叫びをたびたび耳にします。

学習や社会性における年齢相応や、学年相応の到達度を、すべての子どもたちに要求することに無理があることを、私たちは理解したうえで支援する必要があります。そして、子どもだけでなく先生も保護者も学習性無力感に苛まされることを理解し、責任を一方に押しつけることは回避するべきです。

学校での認知行動療法の応用は、子どもたちに対する心理教育の発展版ですが、先生や保護者に対する応用も可能だと考えています。子どもに対して、不適切な叱責をしたときは、今までお話してきた“認知→感情（カッとなる）→行動パターン（不適切な叱責）”が存在するのではないでしょうか。子どもたちへの認知行動療法の応用を通して、自分自身への応用へと発展できると、より本書の意義が高まると期待しています。

case 8 いつも「あいつが悪い」と人を責めるH君

H君の成育歴

- 活発で陽気、体を動かすことが大好き
- 興奮しやすい
- 学習意欲は高い（国語・社会が得意）
- 人の好き嫌いが激しい
- 反省はできるが、次に活かせない
- ささいなこと、特に勝負事にこだわりすぎる傾向を示す

小学６年生のＨ君は、活発で運動が大好きです。しかし、興奮しやすく怒りっぽい面があります。チーム競技などでは、１番でないとイライラしてしまい、「あいつがいるから負けてしまった」とつい強い口調になってしまいます。さらに友達とトラブルになると、仲介してくれた子に対してキレてしまい、「あいつのせいで先生に叱られた」などと八つ当たり気味になっています。

いったん落ち着くと、反省の色を見せたり、明るい調子に戻ったりするのですが、少し興奮してしまうと、また同じようなトラブルが続きます。

先生の困りごと

- 全体としてはうまくいっているようにみえても、少しのうまくいかないことばかりに気をとられてしまう。そして、その後ずっと機嫌が悪く、立ち直れない。
- 思い込みが激しく、現実とはかけ離れた理解をしているときがある。原因はよくわからないが、特定の友達を拒否したり、嫌ったりする。どう指導したらよいのか？

Step 1 認知の歪みを理解する

<思考パターン>
- 心のフィルター
- 感情的決めつけ

心のフィルター

まずは子どもの「認知の歪み」を紐解いてみましょう。

H君の「認知の歪み」は、わずかによくない出来事にこだわってそればかりに注目してしまい、その他のよいことを無視してしまう【心のフィルター】にあると考えられます。それに加えて「誤った原因帰属」が存在します。H君は、自分の近くで起こったことが否定的であった場合、カッとなるか、イライラすることにより、その原因をまったく別のところに求めてしまうのです。例えば、チーム競技で負けてしまった場合、ある特定の子どもだけに原因があることは稀です。むしろ本当の原因はH君を含めた、別のところにある可能性もあります。また、けんかの仲裁に入ってくれた友達に逆にキレてしまうことも、問題の本質を見失っているといってよいでしょう。このような認知様式を、「誤った原因帰属」といいます。何度も紹介しているように、否定的な認知→否定的な感情→不合理でバランスに欠けた行動というサイクルは今までと同じです。

H君のようなタイプの子どもは、不愉快なことが起こったときに、近影的な（目の前にあるとか、わかりやすい位置にいる）存在に原因を押しつける傾向があります。これでは、不当に批判された友達とはうまくいくはずがありません。また原因帰属が誤っている場合、修正するポイントもずれているので、行動改善が難しくなります。

さらにH君の特徴として、「易刺激性」が挙げられます。精神医学では、ささいなことをきっかけにして周囲に対して不機嫌な態度で反応しやすい状態のことを「易刺激性」と定義しています。厄介なのは、このイライラや怒りっぽさは、明らかなストレスや否定的要因が存在しなくても、表出することがあるのです。

つまりH君の不適応状態は、特有の認知様式である【心のフィルター】と「誤った原因帰属」に加え、「易刺激性」という状態が加わっていると解釈することができます。

感情的決めつけ

「あいつがいるからチームが負けてしまった」とか「あいつのせいで先生に叱られた」と

いった発言が多いことからみて、H君は気分のいらだちを、誰かにぶつけている可能性があります。つまり､「自分がこう感じているのだから､それは本当のことだ！」と考えてしまっているのです。この場合だと、チームが負けた全責任を特定の子どもに押しつけたり、相性のよくない友達にいらだちをぶつけたりしています。周囲からみると違和感があるのですが、本人は固くそう信じているので、かみ合わないのです。

修正ポイント

- 自分のこだわりが周囲を巻き込んでしまっている。うまくいかなかったときの原因理解が曖昧なため、次の適応的な行動がとれない
- カッとなってしまうときの感情パターンを理解する。

感情に働きかける技法（Step２）と行動に働きかける技法（Step３）は、しばしば逆転して使われます。以下のケースがよい例です。

Step 3 行動に働きかける

<思考パターン>
- 心のフィルター
- 感情的決めつけ

<行動に働きかける>
- 誰（何）のせいか？
- 暴露療法

誰（何）のせいか？

H君の「認知の歪み」は理解できました。そして、そこからくる行動特性について、H君自身「なぜ自分はいつもイライラしているのか」よくわかりませんし、「イライラして友達と衝突しても､どう解決したらよいかがわからない」状態にあると考えられます。したがって、何かトラブルになったときに、どこに原因があるのかを【誰（何）のせいか？】を使って冷静に振り返られる練習をすることにします。

ここでは、仲のよい○君とトラブルになって、仲介してくれた△君に八つ当たりした場面を取り上げて、以下のように対話を進めていきます。

会話例

今日はどうしてけんかになったのかな？

○君に音楽で一緒のグループになろうっていったのに、『一緒にやらない』っていうから、けんかになったんだ

そうか、○君に断られたんだね。それでカッとなったの？

そう、いつも仲よくしてたのに、裏切られた！

カッとしてけんかしないように、いつも練習しようって約束してたんだけど、がまんできなかったんだね

かなり頑張ったつもりだったけど、がまんできなかった

そうだね。その努力は認めるよ。だけど、実際にけんかになったのは△君とだったね。それはなぜだろう

けんかを止めようとしたから。いつもあいつ邪魔しようとするから困るよ

そうか。じゃあ、今日はこのことでじっくり話し合おう。ちゃんと聞いてくれるかな？　H君はトラブルになるとき、その原因を間違えることが多いって話したよね。まさに今回も同じだよ。△君はけんかを止めに来てくれたから、むしろ感謝しないといけないんだ

それはわかるけど、カッとなっちゃうし、止められない

本当は○君に腹を立ててたけど、いつの間にか、折り合いの悪い△君への怒りに変わった、っていうことかな

多分そう

先生の話をよく聞いて、納得してくれて、ありがとう。次はどうしたらよかったか、今後どうするかを一緒に考えよう！

このような対話を通して、自分自身の「認知の歪み」や行動特性について理解してもらうようにします。重要なのは、そのような特性について性急に反省を求めないことです。自分の欠点を認める、という作業は誰にとっても辛いものです。未熟であって当然の児童期、青年期なら相当困難な作業です。だからこそ、共感的に対話を進める必要があります。

・トラブルの原因を探るときの留意点

トラブルになった原因はどこにあるのかについて話し合うときに、以下の２点に留意する必要があります。

・すべての原因を誰かに押しつけない

このケースの場合、Ｈ君の気持ちを無視した○君や、ささいなことでカッとなったＨ君自身にも原因があります。おおよそ、どのくらいの原因がそれぞれにあるのか、ということを図に表しながら、一緒に検証していくのが効果的です。

・今後どうしたらよいのかに焦点を当てる（過去を振り返ることを中心としない）

何かのトラブルのあとの話し合いでは、過去のことばかりにとらわれる傾向が強くなります。しかし、実際には、過去に起こったことをなかったことにして、もう一度やり直すことなどできません。ここを十分に踏まえて、今後、似たような場面でどのように捉えたらよいか、行動したらよいのかを中心に対話を進めていきます。「原因帰属」の検証は、「責任論」ではありません。間違った原因帰属を放置しておくと、問題解決の糸口がみつからないので、トラブルを減少させていくために、問題の原因について一緒に問い直しておきましょう、というスタンスが大切なのです。

暴露療法

さらに、Ｈ君には【感情的決めつけ】（47 ページ）が多くのトラブル場面で認められます。【感情的決めつけ】とは、「こう感じるんだから、それは本当のことだ」というように、自分の感情を、真実を証明する証拠のように考えてしまうことです。

例えば、このケースではＨ君は、元々折り合いの悪い△君を八つ当たり気味に攻撃し、状況が悪化してしまいました。実際にこのようなケースでは、まったく関連はないが、普段から否定的感情を有している人に対して、一方的に悪感情や攻撃行動を向けたりすることが多いのです。つまり、H君は日頃から強い否定的な感情を△君に対して抱いているので、実際には感謝するべきことをされているのにもかかわらず、△君を攻撃対象にしてしまったのです。さらに、「自分は△君が悪いと感じているのだから、それは本当のことだ」と自動的に結論づけてしまっているのです。

このように固定的な対人関係では、状況はよくなりません。この点もH君に理解してもらい、悪循環から脱出できるよう、協力する必要があります。【暴露療法】を用いる方向性へ先生が場面を演出して機会を設定します。そして十分に想定できる状況でH君に練習してもらうのです。

会話例

H君は△君といつもトラブルになるのはなぜかな？

わからない。でも△君が近くに来たり、話したりすると、頭に血が上るんだ

前もそういってたね。今回も頭に血が上って、心臓がドキドキして、一気に怒り出しちゃったんだね

もう怒り出すのがわかったから、まずい、と思ったんだけど止められなかったよ

頑張ったけど、今回はうまくいかなかったね。そういうこともあるよ。これからはね、△君と適当な距離をいつもとる方法があるよね。でもいつもそううまくいかないから、一緒に作業する時間を増やして、頭に血が上るのを防いでいく方法もあるよ。例えば、次の社会の時間で新聞づくりをやるでしょ。そこで△君と一緒に作業をしてみようか？

社会だったら得意だから、教えてあげることもできると思う

じゃあ、チャレンジしてみよう。何かあったときはすぐ相談してね

【暴露療法】とは73ページで紹介しているように、ある種の逆療法に近いです。あまりいい気持ちを抱いていない友達とあえて協働作業をしてもらい、慣れてもらうことを目指します。この子といても大丈夫という感情をもってもらいます。

修正ポイント

- 行動修正を図るときは、過去の反省を強く求めすぎないように留意しましょう。反省を次に活かせなくて、H君自身も困っているのです。次にこのような場面が起こったときに、どう対応するのかに焦点化します。
- H君のように落ち込みやすいタイプは、どこかに逃げ道を用意してあげましょう。担任の「うまくいかないこともあるよね」とか「まあ上出来なんじゃない」というスタイルが子どもの認知形成のモデルとなるのです。

Step 2 感情に働きかける

<思考パターン>	×	<行動に働きかける>	×	<感情に働きかける>
●心のフィルター ●感情的決めつけ	×	●誰（何）のせいか? ●暴露療法	×	●感情にラベリングする

感情にラベリングする

６年生のH君はもともと学習に対して熱心で、国語や社会が得意です。このような子どもに対して、自分自身で気づきはじめた「認知の歪み」に、名前をつけてみることが有効なこともあります。

例えば、トラブルになったとき、あるいはなりそうなときに、その原因の理解がうまくいかない傾向が自分にはあると納得できたとします。その際、「原因バラバラ事件」などと命名するのです。ちょっとおかしいですが、ユーモアで自分の欠点を表現化できるメリットがあります。教室内で似たようなトラブルがあったとき、先生が「H君、今のは『原因バラバラ事件』じゃない!?」とソフトに語りかけると、H君も落ち着いて自分の傾向を再確認できるかもしれません。

もう一つ例示すれば、△君との相性の悪さを命名するとします。このような場合、先生と子どもが協働作業で進めていくと効果的です。二人で相談して、「サンカクチグハグ」と「認知の歪み」に名前をつけたとしましょう。決して個人が特定されることなく、そして誰も傷つかないように配慮して命名し、該当する場面で使うようにします。

今日の体育の時間、『原因バラバラ事件』が起こったね

そう、○君と意見が合わなかっただけなのに、隣りの△君に怒っちゃった。自分でも『原因バラバラ事件』になったと思ったよ

やはり、『サンカクチグハグ』がきっかけだから、次はどうしたらいいかな？

次は社会でしょ。僕の『サンカクチグハグ』に気をつけて、わからないことがあったら、落ち着いて教えてあげたらいいね。そうでしょ？

その通り。バッチリだね。困ったことがあったら、先生に相談してね

改善されたポイント

●スキルを磨いて適応行動を増やす

強い興奮や不快感情がわき上がるとき、H君は抑えが効かなくなって、暴言を吐いてしまいました。しかし、その時の感情がどのようなものかを第三者の視点でモニタリングできるようになると【感情にラベリングする】、その感情に対して予防対策を講じて、先手を打つことができるのです。H君特有の“感情→行動”パターンがあり、実際に担任が上手にH君に気づかせることで、H君自身がそのパターンを管理できるようになったのです。これは、セルフコトンロールの向上とも表現することができます。

これらの方法は極めて現実的です。つまり、「強くて否定的な感情を抑え込むこと」を要求するのではなく、「その感情がきっかけとなって不適応行動が生じない」ことだけを練習すればよいからです。現実の世界ではそのスキルの巧拙が生活の安定のカギを握るのです。

●自分の特性を理解することができる

「否定的で強烈な感情」や「折り合いの悪い友達がいる」のはほめられたことではありませんが、人間ですから仕方のないことです。自分がそのような特性をもっているということを、H君は少しずつ理解できるようになり、それを受け入れようとしています。これが心理教育であり、認知や感情を教育するということです。

学校では同年齢集団のなかで「みんな仲良く」することが要求されます。しかし、H君のような特性をもった子どもにとっては、これはかなり現実離れした高い目標であることを、先生は理解する必要があります。

肯定的な部分も否定的な部分も含めて自分の特性を知ることは、集団適応の第一歩といえるでしょう。そして、多少のけんかやトラブルがあっても、ほどほどにみんなと付き合っていければよい（グッドイナフ）という認知が定着するよう促します。これが学校での認知行動療法の応用の究極の目標なのです。

Attention

失敗したときこそ対話のチャンス。時にはユーモアも交えて。

学校ではさまざまなことが起こります。うまくいくことばかりではありません。しかし子どもが失敗したり困っていたりするときこそ対話のチャンスです。「聴くスキル」がもっとも重要であると述べたように、対話は「聴くスキル」を磨くチャンスであるともいえます。

担任は、子どもが失敗したり成功したりした場面で、こまめにフィードバックしましょう。なぜうまくいかなかったのかを振り返り、成功したときにほめて定着を図るのです。上記の「認知の歪み」に名前をつける対話でも、ほのぼのとした雰囲気が伝わってきます。失敗したときこそ、ユーモアも交えて意思疎通を図ることが重要です。

行動技法から介入する場合

成人を対象にした認知行動療法では、「認知の歪み」に気づかせて、認知の修正を図りつつ（認知再構成）、行動療法の技法を用いて治療を進めていきます。つまり、認知的理解を中心に治療を開始し、その後、社会適応を促すために行動的技法の割合を次第に高めていくのです。

しかし、特に子どもを対象とした学校での認知行動療法の応用では、ある程度不適応行動を減少させてから、認知的理解を進めるというのも一つの方法です。ここまで読んでいただいた読者はお気づきだと思いますが、「認知の歪み」に端を発した否定的な感情と不適切行動はほぼ一直線で同時に起こることが多いため、ときには行動療法から介入するのも手なのです。

不適応行動をコントロールできて自分に自信がついてきたときに、極端に否定的な認知についての理解を促すと、子どもは“聴く耳”をもちます。筆者のこれまでの治療経験では、担任との協働作業を通してパニック行動を減少させることができた子どもは、担任との絆が強固になります。そのため、担任からのアドバイスや指摘は、子どもにとって重要な意味づけをもつようになるのです。

第5章

学校こそが認知行動療法に最適の場

これまで、認知行動療法の手法を解説してきました。
ここではあらためて、学校という場がなぜ認知行動療法を
活用する場として最適なのか、そして担任の役割について説明します。

なぜ認知行動療法は学校でこそ有効な手段となるのか

まずは認知行動療法がなぜ学校でもっとも効果的に活用できるのかについてみていきます。日々の学級経営やそのあり方、担任の役目をあらためて考える機会にしてみてください。

なぜ認知行動療法は学校でこそ有効な手段となるのか

認知行動療法とは、もっとも教育的な介入であるとお話しました。つまり、心理療法では「共感的受容」や「非指示的療法」が強調される傾向がありますが、認知行動療法では、偏った認知や適応的でない行動をすべて共感的・指示的に受け止めるということではありません。むしろ、つまずきの原因となっている「認知の歪み」に注目し、どう感情を調整すればよいのか、どう行動すればよいのかを、積極的に教示します。ですから、教育的なのです。

特に子どもを対象とした認知行動療法は、「スキルの獲得」を目指しています。例えば、聴くスキル、感情をコントロールするスキル、友達とうまくつき合うスキルなどの獲得です。試行錯誤しつつ、これらのスキルを獲得するには、学校は最適の場であると筆者は考えています。さらに、担任による良好な学級経営という環境条件が加わると、認知行動療法の効果は最大化されるのです。なぜ認知行動療法は学校でこそ有効なのかを以下に説明します。

担任による学級経営

欧米と比較すると、日本の学級経営は特殊であるとよくいわれます。なぜなら、学習指導も生徒指導も、伝統的に担任が実施している（実質的な責任を負っている）からです。図５－１は、日本の先生方が考える「学級経営」のモデルです。授業と生徒指導を二つの柱として、教育相談や進路指導、道徳や特別活動まで、すべて担任が担当しています。

担任の負担が大きくなりすぎるというマイナス面はあるのですが、すべての教育活動において先生は子どもたちとの絆を強化することができ、子どものさまざまな面を評価することができます。さらに主たる指導者が一人のため、ルールが明確化され、教育環境が構造化されやすいという利点もあります。

図５－１ 日本の学校の担任が考える「学級経営」

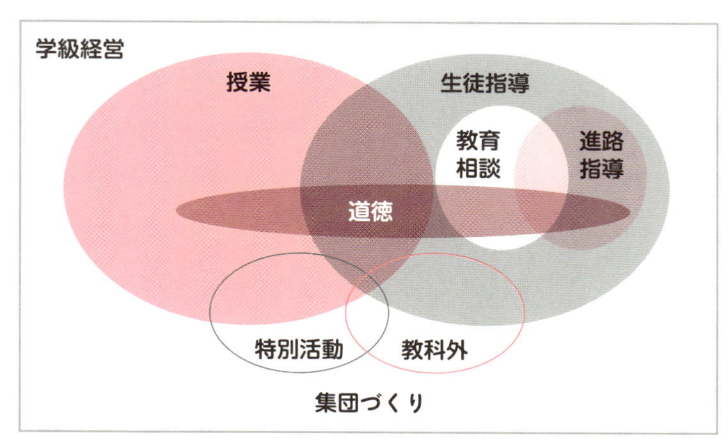

（出典：河村茂雄著『日本の学級集団と学級経営 ―集団の教育力を生かす学校システムの原理と展望』図書文化社，p 20, 2010年）

図５－１の下部に「集団づくり」とあるように、すべての学級経営の基盤になるのが学級集団づくりです。日本の学級集団は、最低一年間は構成されるメンバーが固定され、学級集団を単位にして、生活活動、学習活動、社会性を伸ばすような活動を行います。つまり学級集団とは、まさに「共同体」です。学校における教育活動は共同体での、子ども同士の学び合いを重視しています。

安定した集団では、社会性に遅れがある子どもも、対人関係のスキルを獲得しやすくなります。包容力のある共同体では、易怒性や易刺激性が高い子どもでも、感情調整のスキルをトレーニングしやすくなります。これらが、学校でこそ認知行動療法が有効であるという根拠です。

先生がモデルになれる

第３章でお話しした【聴くスキルを磨く】のトレーニングを思い出してみましょう。このスキルに弱さを抱えている子どもたちのなかに「自分には聴くスキルがない！」と自覚している子どもはいません。だからこそ「○○君、聴くっていうのはね、こうやるんだよ」と担任が語りかけ、タイミングのよいアイコンタクトやうなずき、体の姿勢などを教示することによって、子どもはこれらのスキルを獲得しやすくなります。まさに担任がモデルになれるのです。教室で不適応行動があったときにこれらのスキルを実際に使用し、磨きをかけ、応用することにより、これらのスキルは一層子どもたちに内在化されます。

担任は学級経営や集団づくりのなかで、学級内で発生する葛藤場面を上手に解決しています。つまり、担任はすでに子どもたちに適切な問題解決法を提示しているのです。その次は、提示するだけでは具現化できない子どもたちに対して、問題解決法をわかりやすく言語化し、望ましい行動を教示するだけでよいのです。例えば、ささいな言い争いがけんかのきっかけになったとき、

「さあ、○○君、落ち着こうね。複雑な感情に気づいたよね。一旦教室を出てもいいよ。どうやって相手と話をしようか？ そう、“聴くスキル”だよね。謝るときは先に頭を下げるほうがよかったよね。そう、何が悪かったかも具体的にいおうね。次に自分の意見をいうときは先生も応援するよ」

このような認知行動療法が展開されるとき、相手とのトラブルもその子どもにとっての貴重な学習の場面となります。病院や特別な場面で実施される認知行動療法では、治療者がモデルとなることは困難です。学校だからこそ担任がモデルになれるのです。

学校全体が構造化している

ほとんどの学校では、朝の会にはじまり、1～4時限目までの午前授業が実施され、給食、掃除、昼休み、午後の授業、そして終わりの会で下校となります。それらの活動は、ほとんどすべて学級単位でおこなわれることも相まって、一日の全体が極めて高度に構造化しています。

年間を通しても同様のことがいえます。入学式や始業式、運動会や音楽会、遠足や社会見学、卒業式など、多くの行事が整然と、同時期に配列されています。小学校だと同行事を6回経験することになるのです。

ADHDやASDの子どもにとって、構造化された学習環境が最良であることは、多くの研究から明らかにされています。そこでも構造化されている学校は、有利であるといえます。つまり、学校は何度も体験し、練習する機会が設定されているので、新しい場面や学習が苦手な彼らにとっても**取り組みやすくなる**ということです。

運動会の雰囲気が苦手な子どもであっても、6年間、中学校を入れれば9年間で対応できるようなスキルトレーニングで磨くことができます。苦手なことに無理やり取り組みさせるのではなく、**取り組みやすくする**という姿勢が重要です。

良質な学級経営自体が認知行動療法を効果的にさせる

前述のように、全体として日本の先生方は質の高い学級経営を展開しています。個々の先生方の特色ある学級経営のなかで、“聴くスキル、感情をコントロールするスキル、友達とうまくつき合うスキル”などの獲得が目指されてきたのです。このような背景から、日本型の学級経営と、認知行動療法の技法は親和性が高まったのだと思います。両者は相互依存的なのです。一方で、学級経営が不安定化すると、技法の効果は一気に低下します。

1990年代後半に、学級崩壊（学級が集団教育の機能を果たせなくなった状態）が社会問題化しました。時を同じくして、「校内暴力」「いじめ」「不登校」も急増したのです。これらは、偶然の一致ではありません。学級経営が良好な状態では、教科指導も生徒指導もスムーズにおこなえるのですが、逆の状態ではさまざまな問題が噴出してしまうのです。

図５－２ 授業における秩序の国際比較

先生のいうことを生徒は聞いている

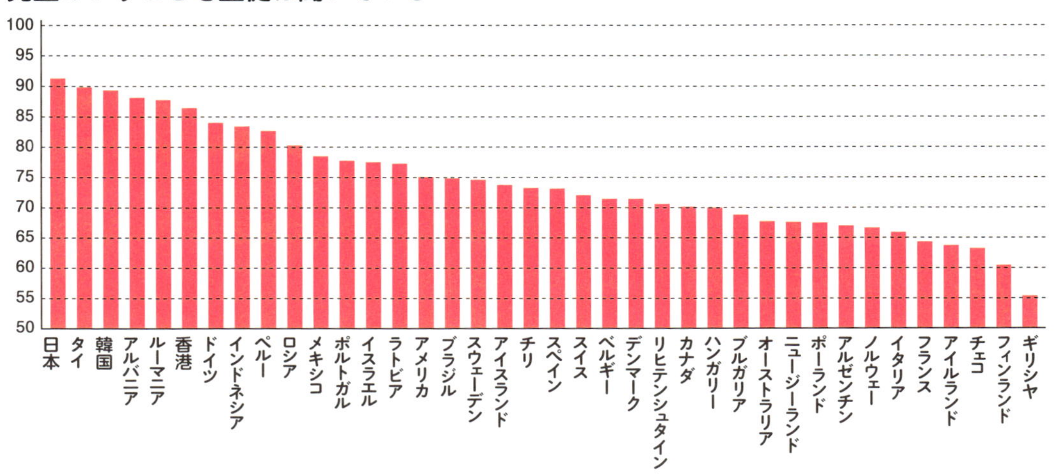

先生は生徒が静まるまで待つ必要がない

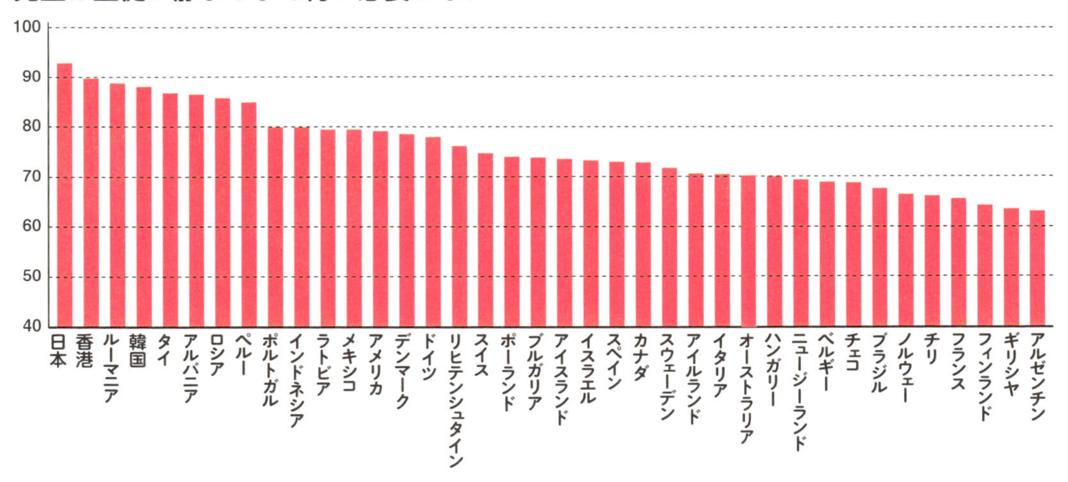

（出典：PISA 2009 at a Glance Figure 4-2 : change in disciplinary climate between 2000 and 2009.）

図５－２は、先進国における日本の学級の抜群の安定度および秩序正しさを示しています。実は日本の学級は総じて安定的で落ち着いており、教育環境としてはもっとも理想的といえるでしょう。メディアでは日本の教育現場について、過度に不安を煽るような報道がなされることがありますが、現実は違います。長年にわたって日本の先生が学級経営のスキルを磨いてきた成果といえるのではないでしょうか。

認知行動療法を展開するうえで、このような理想的な教育環境は必要不可欠です。行動や感情に問題を抱える子どもたちがスキルを獲得し、定着まで至るには、相応の時間と至適環境が必須条件となります。これらの条件が整ったとき、さまざまな場面で認知行動療法の技法を応用することが可能となるのです。

「認知の歪み」をもつ子どもにとって最適の学習場面になるように

「認知の歪み」をもった子どもにとって、学校が最適の学習の場として活用できるように、支援の仕方や方向性について具体的にみていきます。

個別へのサポートだけでなく、集団への支援も大切

図5－3をみてください。筆者が考えた、「集団へのサポート(学級経営)」と「個別指導」と、学級安定度との関係をマトリックスに表現した図です。縦軸は“集団へのサポート機能レベル”です。集団(グループ)への支援、つまり学級経営が良好な場合、上段になります（つまりラージG)。逆に、集団づくりが脆弱な場合は下段になります（つまりスモールg)。

今度は横軸を見てください。個別のサポート機能レベルが充実している場合、右列になります。つまり個々への支援が良好な場合はラージI、逆に個別支援が貧弱な場合はスモールiとなります。４つの箱の状態を以下に示します。

①ＩＧ（ラージＩ・ラージＧ)：集団への働きかけも個別への支援も充実している
②ｉＧ（スモールｉ・ラージＧ)：集団への働きかけは良好だが、個別支援が貧弱
③Ｉｇ（ラージＩ・スモールｇ)：個別支援はできているが、集団づくりが脆弱
④ｉｇ（スモールｉ・スモールｇ)：個別支援も不十分で、学級集団づくりもうまくいっていない

長期的にみると、①は個人も集団もよく伸びます。我々は右上の箱の①の状態を目指すべきであり、認知行動療法は①のときに効果が最大化されます。逆に④の状態では近いうちに学級崩壊が起こる可能性があります。

学校現場で意外に多く認められるのが③です。担任は一生懸命個別支援をしようとしますが、うまくいっていないケースが多いようです。なぜなら、個別の支援をすればするほど、新たな支援が必要となり、結局手がまわらなくなるのです（ある子どもを丁寧に支援しすぎて、ほかの子どもたちも支援が必要となることがあります)。つまり、集団のなかで相互に助け合ったり、子どもたち同士で研鑽し合ったりすることがなくなり、悪循環が生じているのです。

ラージＩ・ラージＧの状態は、理想的な教育環境です。このような状況では、どんな教

材でもどんな題材でも、大抵はうまくいきます。例えば、体育の跳び箱や国語の物語教材のようなありふれたものでも、子どもたち同士の助け合いや切磋琢磨の姿勢が基盤にあると、良質な学習が展開されます。つまり、高い学習の質が担保されるのです。

一方で、どんなに素晴らしい文学作品でも、教材研究により洗練された学習教材でも、④の状態では学習は成立しません。このように、**教育環境の質は、学習の質に、直接的な影響を与えます。**

筆者は教育相談の際、個別の支援を強調しすぎることのリスクを敢えて説明します。認知行動療法も個別の治療教育のみで完結するわけではありません。実は、質の高い教育環境を提供することこそ、最良の支援および治療なのです。**「良質な学級経営自体が認知行動療法を効果的にさせる」**という真の意味はここにあるのです。

図5－3 教育環境の質は学習の質に直接的な影響を与える

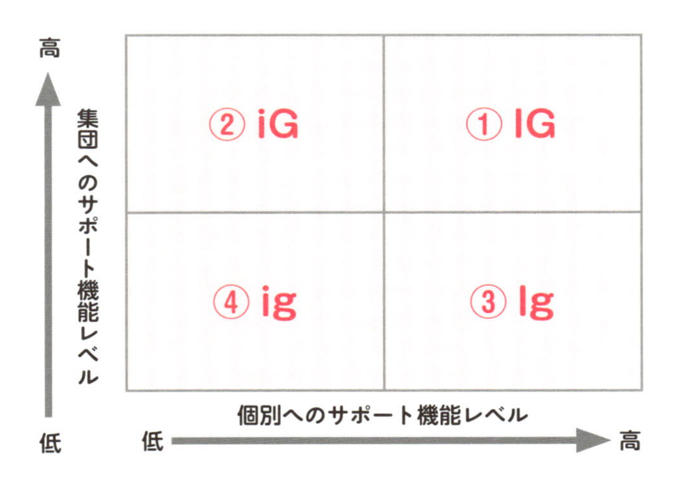

担任、級友に励まされる、認められるという効果を最大化することができる

図5－1をみても、担任の学級経営の仕事はたいへん幅広いことがわかります。一方で、それだけ濃密に子どもたちと関わることができるともいえます。また、構造化された学校では、1日から1学期、1年の活動のなかに、学級集団内の小集団活動や全体活動が網の目のように設定されています。

第3章では、【ほかの子どもの協力を引き出す】技法について解説しました。集団活動や学び合いが多い学級では、トラブルが多くなる反面、対人関係スキルを磨く場面も多くなります。そこで子どもたち同士で励まし合ったり、認め合ったりする活動は、対人関係スキルの弱い子どもたちにとって絶好の学習場面となるのです。

図５－４ 社会的絆理論のイメージ

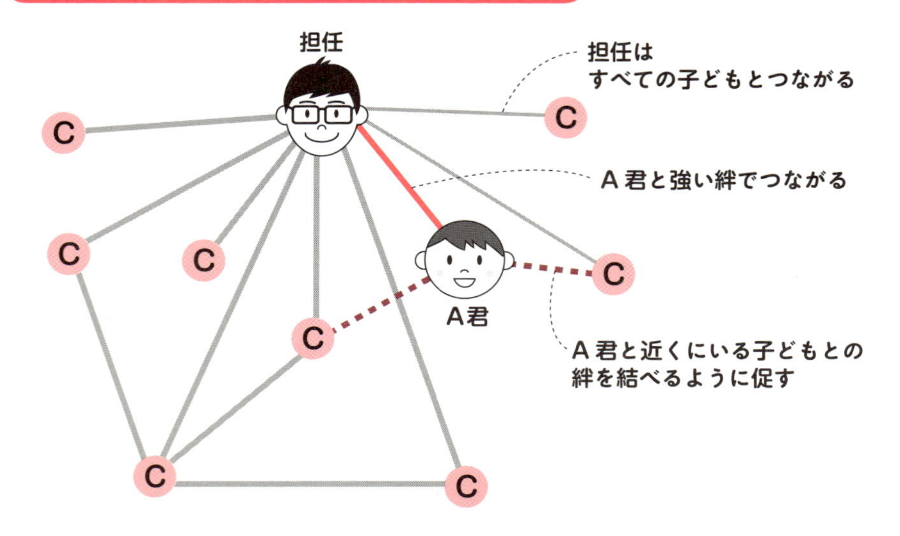

励まし合ったり認め合ったりすることは、いわば「絆（紐帯）」づくりです。図５－４をご覧ください。担任は学級内の子どもたちⓒと絆（紐帯）を形成します（この場合は弱い紐帯で十分です）。特に、不適応行動の頻発するＡ君とは強い絆（紐帯）を形成します。そしてＡ君が、彼に近い子どもたちⓒと絆（紐帯）を形成できるよう援助します。これは級友に励まされたり、認められたりすることで成功します。いわば、紐帯形成の汎化です。

このような良好な学級経営状態が継続すると、子どもたち同士の紐帯も活発に形成されます。不適応行動の頻発するＡ君は、知らない間に豊富な絆（紐帯）にぐるぐる巻きにされてしまいます。そのような状態では、簡単には不適応行動を起こせません。この状態のことを、「先生、級友に励まされる、認められるという効果を最大化している」といいます。Ａ君が絆の重要性を認識し、「先生や友達の紐帯を台無しにしたくない」という認識が不適応行動の抑制となっているのなら、教室での認知行動療法が大成功しているとみてよいでしょう。

保護者との自然な連携を図ることができる

学校での認知行動療法は特別な治療的介入ではなく、これまで担任が生徒指導や学級経営のなかで十分に取り組んできたことだということがおわかりいただけたでしょう。これまで解説してきた技法も、それまで蓄積されてきた集団づくりや学級経営の技術と大きな差はありません。だからこそ、学校と子どもに対する認知行動療法は親和性が高いといえますし、認知行動療法は教育的な介入であるという点も理解いただけると思います。

さらに、保護者との自然な連携を図ることができるという点でも、学校での認知行動療法はアドバンテージがあります。

通常の学校では、個別懇談会や学級懇談会が学期に一回程度設定されており、子どもや学級についての情報を共有します。さらに特別な配慮が必要な場合、担任と保護者間で連絡帳や電話連絡などで密接にコミュニケーションをとることが通例です。現時点でどこが問題で、到達目標をどこに設定するのかという方向性を一つにするためです。これができることにより、学校での介入効果が家庭にも波及することがあります。いわば、「**保護者の協力を引き出す**」のです。これも大切な技法の一つといえるでしょう。

学校で「聴く」スキルのトレーニングをしている場合、保護者にこのことを伝え、練習の効果をお伝えしたり、家庭でのトレーニングを協力してもらったりすると、より効果が上がるでしょう。このように、担任と保護者が子どもの長所や課題点を共有することは極めて重要です。

学習や運動、社会性をバランスよく、包括的に

学校では発達段階に応じて、勉強や運動に取り組み、同級生や異学年を含めた幅広い対人関係のなかで、さまざまなことを経験します。当然ながら、苦手なことにも取り組まなければなりませんし、失敗することもあるはずです。失敗経験が蓄積されすぎると「学習性無力感」(27ページ)に苦しむことになります。一方で、適切な学習環境下でのほどよい失敗経験は、子どもの発達を促します。問題解決能力を高めるのです。

問題解決能力が高まると、「自分は自分をコントロールできる」という、セルフコントロール能力も高まります。子どもに深刻な不適応行動があった場合、私たちはまず不適応行動をなくしたいとか、修正したいと考えますが、それは最終目標ではありません。問題解決していくプロセスのなかで(「認知の歪み」を修正する、感情調整をするなど)、子どもたち自身が問題解決能力を高めていく＝セルフコントロール能力を高めていくことこそが、究極の目標なのです。

だからこそ、学校ではバランスよく学習や運動、社会性のスキル獲得を促すことが重要なのです。そして、「認知の歪み」が顕著な子どもには、学校での認知行動療法はとても有効であると考えられるのです。

パニック行動や不適応行動を呈する子どもと対峙するときには

周囲が騒然とするようなパニック行動(大泣きするとか、物を壊すなど)を呈する子どもたちに対応する先生は、子どもたちと同様に、大きな不安を抱えています。問題は、このような不安が普段の学級経営に影響してしまうことです。

図５－５　障害の問題の図式

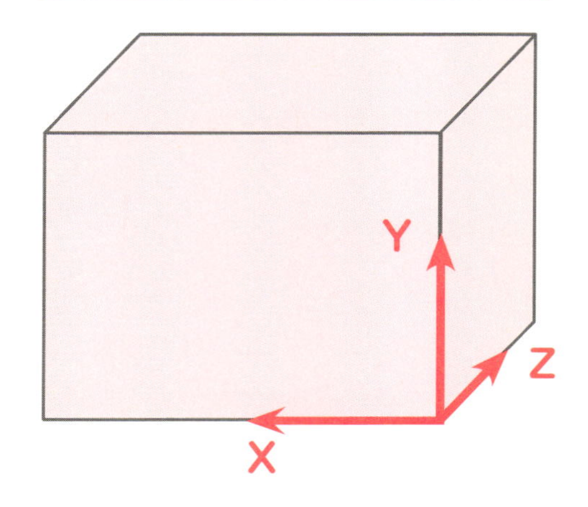

X：障害の程度（障害の重さ）
Y：周囲の反応
Z：周囲の反応に対する本人の反応

（出典：Johnson, Wendell and other : *SPEECH HANDICAPPED SCHOOL CHILDREN*. Harper & Row publishers, New York, 1967.）

図５－５は、ジョンソンという言語学者が考えた、障害の問題の図式です。ジョンソンは障害によって生まれる問題はこの立方体の体積のようなものだ、と考えました。Ｘ軸はその子ども（Ｘとする）の障害の程度（障害の重さ）とします。つまり障害（易怒性とか易刺激性、または多動性など）が重いとＸ軸は長くなるのです。

Ｙ軸はＸさんに対する周囲の反応です。否定的で排除的な反応だとＹ軸は長くなります。最後にＺ軸は周囲の反応に対する本人の反応です。Ｙ軸が長い（周囲が冷淡）ほど、Ｚ軸は長くなります。つまりＸ×Ｙ×Ｚ＝障害の問題というわけです。

我々教育関係者はＸ軸に働きかけ、少しでも障害の程度を軽くしようと奮闘しますが、一気に改善することはあまりありません。ということは、Ｘ軸が長いと、Ｙ軸もＺ軸も相乗的に長くなり、体積は最大限になってしまうのでしょうか？

いいえ、違います。先生の取り組みのなかでもっとも重要なのは、Ｙ軸に対する働きかけです。障害の軽重にかかわらず、その子どもを受容するような包容力のある学級集団であれば（つまり学級経営が良好に機能すれば）、なんとＹ軸はほとんど０ということもあり得ます。

Ｙ軸が０ならば、当然ながら障害のある本人の反応、Ｚ軸も０に近くなるでしょう。そのような状況では、

　Ｘ×Ｙ×Ｚ＝　０　（子どもがもっている障害は、ほとんど問題にならない）

というケースもあるのです。これは仮定の話ではありません。これまで多くの教育相談のなかで多くの学級を訪問させていただきましたが、まさにこれを実現させていた先生をたくさん知っています。

学校における認知行動療法の技法の成否は、やはり学級経営や、子ども同士の絆（紐帯）の量や質に依存しているのです。この点を踏まえ、本書で紹介した認知行動療法の技法を応用していただきたいと考えています。

Column

〚子どもをしっかり受け止めよう③〛

●セルフコントロールと自己効力感

セルフコントロールとは、感情と行動をコントロールすることです。複雑な感情がわき起こり、一瞬でパニック行動に発展する子どもがセルフコントロールのスキルを獲得すると、「自分は自分のことをコントロールできるようになってきた！」という実感を得られるようになります。このような場面を目のあたりにすると、先生も手応えを感じるようになるでしょう。

自己効力感が高まるとは、自分の実力を相応に評価できるようになるということです。学業や対人関係において、自分ができることや得意なこと、できないことや苦手なことを認知する力が自己効力感であり、学校での認知行動療法では、この自己効力感の安定が優先されるのではないかと考えています。

●具体的な目標設定をする

セルフコントロールを高める方法の一つは、具体的な目標を設定することです。具体的な目標とは、子どもたちに次のようなことを感じてもらう必要があります。「この程度なら、自分はパニックを起こさない」「パニックになったとしても、教室から出て深呼吸すれば元に戻れる」「パニックになりそうなときは、すぐに先生のところに行って助けてもらう」。

そうした状態を認知行動療法の理論では、“自己効力感が高まった”と表現します。つまり、“自分だったらこの程度は（我慢）できそう”“これは成功（失敗）しそう”という将来の結果を、ある程度正確に予測する力が高まったともいえます（第１章参照）。

おわりに

読者の皆さん（ほとんどは先生でしょうか）は、本書のケース別会話例を読むたびに、これまで対応に苦慮してきたお子さんの顔が浮かんだのではないでしょうか。「そういえば似たようなことがあったなぁ」とデジャブ感覚で、苦笑いされていたかもしれません。

仕事柄、発達障害や虐待、非行関連、脳科学的なことなど、さまざまなテーマで講演を依頼されます。なかでも、学校での認知行動療法のテーマで講演を依頼されることが増えてきており、自身では一番手応えがあります。つまり、話をしているときの聴講者が「あるある！」「そういえばあの子も！」といった表情をされるのが、手にとるようにわかるのです。

実は本書の企画を提案してくれたのは、中央法規出版編集部の近藤朱さんでした。「発達障害児に対する、学校での認知行動療法」というテーマで、何かのコラムに書いたものを目にとめて、書籍化をオファーしてくれたのです。「こんな当たり前のこと、本になるのかしら」というのが私の第一印象でした。

本書の執筆前に、500ページを超える専門書を一人で翻訳するという無謀な作業をしていたので、疲労困憊状態でのはじまりでしたが、書き進めてみると、伝えたかったことが文章になり、俄然楽しくなりました。今まで出会った子どもたちの顔や発言を思い出しながら、つい吹き出しそうになったこともしばしばでした。「いわれてみたら、こんなこと以前からやっていた」とか「この程度でも心理教育っていうの？」「認知行動療法って簡単ね」。こんな感想をもっていただけたら、そして、少し元気が出てきたら本書の意義があると思います。いわばコロンブスの卵のような本だと自分では感じています。

最後に、連合艦隊司令長官・山本五十六の名言を紹介します。

やってみせ　言って聞かせて　させてみて　ほめてやらねば　人は動かじ

本書62ページで紹介した「聴く」スキルでも、この姿勢が役立つと思います。いわば、認知行動療法の技法習得の奥義を究めた金言ですね。

山本が指揮した当時の海軍幹部は日本の頭脳でした。戦時中のスーパーエリート軍団を部下にもった山本でさえ、人材育成に苦労していたことが偲ばれます。私たちの目の前の子どもたちはまだまだ発達途上、未熟なのが当たり前です。だからこそ、たっぷりと、手塩に、手間暇かけて育てていく姿勢が重要なのでしょう。

さきの名言には次のような続きがあります。

話し合い、耳を傾け、承認し、任せてやらねば、人は育たず

やっている、姿を感謝で見守って、信頼せねば、人は実らず

広い意味での同業者の妻には多くのヒントをもらいました。感謝しています。このテーマをじっくり話したことがないので、ちょっと驚くかもしれません。それぞれの道を歩む二人の子どもたちに本書を捧げます。頑張る姿をみて勇気づけられました。この本を手に取ることはないでしょうけれど。

2018年9月　松浦直己

引用・参考文献

- 岩本隆茂・坂野雄二・大野裕編集『認知行動療法の理論と実際』培風館、1997年。
- 青木省三・坂野雄二・岡崎祐士著『認知行動療法』（こころの科学 / 宮本忠雄監修、121）日本評論社、2005年。
- 下山晴彦翻訳、ポール・スタラード著『子どもと若者のための認知行動療法ガイドブック―上手に考え、気分はスッキリ』金剛出版、2008年。
- コーチ・エイ、鈴木義幸監訳『この一冊ですべてわかる　コーチングの基本』日本実業出版社、2009年。
- 河村茂雄著『日本の学級集団と学級経営 ―集団の教育力を生かす学校システムの原理と展望』図書文化社、2010年。
- 本川裕著『統計データはためになる！―棒グラフから世界と社会の実像に迫る』技術評論社、2012年。
- 佐藤正二・佐藤容子監訳、ウェブスター・ストラットン著『認知行動療法を活用した子どもの教室マネジメント―社会性と自尊感情を高めるためのガイドブック』金剛出版、2013年。
- Johnson W., Darley F L. & Spriesterbach D.C. : *Diagnostic methods in speech pathology*. Harper & Row publishers, Oxford England, 1963.
- Johnson, Wendell and other : *SPEECH HANDICAPPED SCHOOL CHILDREN*. Harper & Row publishers, New York, 1967.
- Bandura, A., Reese, L., & Adams, N.E.: Microanalysis of action and fear arousal as a function of differential levels of perceived self-efficacy. *Journal of Personality and Social Psychology*, 43 (1), pp.5-21.1982.
- Raine A.: Antisocial behavior and psychophysiology: A biosocial perspective and a prefrontal dysfunction hypothesis., *Handbook of antisocial behavior*, pp.289-304., John Wiley & Sons Inc, 1997.
- PISA 2009 at a Glance Figure 4-2 : change in disciplinary climate between 2000 and 2009.
- Terrie E. Moffitt et al : A gradient of childhood self-control predicts health, wealth, and public safety. *Proceedings of the National Academy of Sciences of the United States of America*, 2011.

松浦直己（まつうら・なおみ）

三重大学教育学部特別支援教育特別支援（医学）分野教授、福井大学こどものこころの発達研究センター客員教授。博士（学校教育学、医学）をもつ。神戸大学教育学部卒業後、神戸市公立小学校教諭を15年経験。その後奈良教育大学特別支援教育研究センター、東京福祉大学を経て現職。言語聴覚士、学校心理士、特別支援教育士スーパーバイザー、専門社会調査士などの専門資格を有する。三重県教育委員会就学指導委員会委員長、平谷こども発達クリニックスーパーバイザーなど。
専門は少年非行、特別支援教育、発達障害、犯罪心理学、近赤外線スペクトロスコピーを用いた神経学的評価研究など。

教室でできる気になる子への
認知行動療法
「認知の歪み」から起こる行動を変える13の技法

2018年10月20日　初版発行
2025年２月10日　初版第７刷発行

著　者　松浦直己
発行者　荘村明彦
発行所　中央法規出版株式会社
〒110-0016　東京都台東区台東3-29-1中央法規ビル
TEL 03-6387-3196
https://www.chuohoki.co.jp/

編　集　株式会社スリーシーズン
デザイン　谷 由紀恵
本文DTP　ZEST 長谷川慎一
イラスト　中小路ムツヨ
印刷・製本　株式会社日本制作センター

ISBN978-4-8058-5754-0

本書へのご質問について
本書の内容に関するご質問については、下記URLから「お問い合わせフォーム」にご入力いただきますようお願いいたします。
https://www.chuohoki.co.jp/contact/